P. Bergemann

Die Verbeitung der Anthropophagie über die Erde und Ermittlung einiger Wesenszüge dieses Brauches

Eine ethnographisch-ethnologische Studie

P. Bergemann

Die Verbeitung der Anthropophagie über die Erde und Ermittlung einiger Wesenszüge dieses Brauches

Eine ethnographisch-ethnologische Studie

ISBN/EAN: 9783742890481

Hergestellt in Europa, USA, Kanada, Australien, Japan

Cover: Foto ©ninafisch / pixelio.de

Manufactured and distributed by brebook publishing software (www.brebook.com)

P. Bergemann

Die Verbeitung der Anthropophagie über die Erde und Ermittlung einiger Wesenszüge dieses Brauches

Die

Verbreitung der Anthropophagie

über die Erde

und

Ermittelung einiger Wesenszüge dieses Brauches.

Eine ethnographisch-ethnologische Studie

von

Dr. phil. P. Bergemann.

Bunzlau.
Verlag von G. Krouschmer.
1893.

Seinem hochverehrten Lehrer

in der

wissenschaftlichen Erdkunde,

Herrn Professor Dr. Alfred Kirchhoff

in **Halle a. Saale,**

in dankbarer Ergebenheit gewidmet

Vom Verfasser.

Inhalt.

	Seite
Vorwort	I
Einleitung	1
I. Abschnitt: Der Kannibalismus im Altertum	5
II. Abschnitt: Der Kannibalismus im Mittelalter	13
III. Abschnitt: Der Kannibalismus in der Neuzeit	20
1. Kapitel: Auf dem asiatischen Kontinent und dem malayischen Archipel	20
2. Kapitel: In Amerika einschl. Grönland	23
3. Kapitel: In Australien und auf den Inseln der Südsee	28
4. Kapitel: In Afrika	37
IV. Abschnitt: Wesen und Ursachen des Kannibalismus	48

Vorwort.

Es ist ein schon seit langem und vielfach diskutiertes Problem, ob die ethische Entwickelung des Menschengeschlechtes in auf- oder in absteigender Linie vor sich gehe, oder ob in dieser Beziehung weder Fortschritt noch Rückschritt, natürlich im Durchschnitt genommen, zu bemerken sei, so etwa, dass ein irgendwo erfolgender Fortschritt nivelliert wird durch einen anderswo erfolgenden Rückschritt. Der Verfasser der vorliegenden kleinen Arbeit ist, wie auch z. B. H. Schurtz (vgl. Die Milderung des menschlichen Charakters vom Standpunkte der Ethnologie. Globus Bd. 59. No. 19), von der Überzeugung durchdrungen, dass die Moralität der Menschheit in stetiger, wenn auch nur sehr allmählicher Zunahme begriffen ist und bittet, diese Abhandlung als einen von vielen und von berufenerer Seite unternommenen Versuch ansehen zu wollen, diese Überzeugung allen Skeptikern und Pessimisten gegenüber auf einem Gebiete zu verfechten, das gewöhnlich für besonders geeignet gehalten wird, gegen dieselbe und für die gegenteilige Behauptung zu sprechen. Aus derselben wird klar ersichtlich sein, dass die scheussliche Unsitte der Anthropophagie in unaufhaltsamer, wenn auch sehr langsamer Abnahme begriffen ist.

Allen Förderern seiner Arbeit erlaubt sich an dieser Stelle seinen ergebensten Dank auszusprechen.

Der Verfasser.

Einleitung.

Man pflegt bei der Anthropophagie eine gewohnheitsmässige von einer zufälligen, notgedrungenen zu unterscheiden. Diese, im Gefolge von Schiffbrüchen, Hungersnöten, Belagerungen u. dgl. m. auftretend, kommt aller Orten und zu allen Zeiten vor. Ueber dieselbe kann ich, unter Anführung von nur wenigen, besonders eklatanten Beispielen, schnell hinweggehen, da wir es hier nur mit jener, also der gewohnheitsmässigen Anthropophagie, zu thun haben. In erschreckender Weise trat, nach dem Berichte des Dio Cassius (L. XVIII., 32), infolge einer Hungersnot die Menschenfresserei bei den Juden auf, als diese sich unter Trajan gegen die römische Herrschaft empörten. Val. Maximus (VII, 6) tadelt die Spanier, die in belagerten Städten die Gefangenen nicht nur, sondern auch ihre eigenen Kinder und Weiber verzehrten. Auch Strabo (Erdbeschreibung IV., 201) erzählt, dass in Belagerungsnöten die Kelten, Iberer u. m. a. Völker Menschenfleisch gegessen haben; und Herodot (III., 25) berichtet, dass, als auf dem Zuge des Kambyses durch die libysche Wüste Hungersnot eintrat, je zehn losten und dann den verzehrten, den das Los traf. Im dritten und vierten nachchristlichen Jahrhundert sollen in China die Bewohner Menschenfleisch gegessen haben infolge von Hungersnöten.[1] Im siebenten Jahrhundert n. Chr. Geb. soll Menschenfresserei wegen eines Misswachses in Europa epidemisch geherrscht haben. Nach Thiers herrschte um das Jahr 1026 in Frankreich unter dem Könige Robert eine fürchterliche Hungersnot, so dass Menschenfleisch gegessen wurde. Abdallatif, ein arabischer Arzt aus Bagdad, dessen Werk Sylvestre de Sacy übersetzt hat, berichtet

---

[1] Vgl. Ausland 1869, Nr. 51.

von einer um das Jahr 1200 in Aegypten wegen des Ausbleibens der Nilüberschwemmungen ausgebrochenen Hungersnot, welche die scheusslichste Menschenfresserei nach sich zog: Eltern assen ihre eigenen Kinder oder boten sie zum Verkauf aus; Leichen wurden aus den Gräbern gerissen und verzehrt u. a. m. Eichwald (Archiv für Anthropologie III., S. 333) erzählt, dass die Ostjacken im Jahre 1860 bei einer Hungersnot ihre eigenen Kinder assen. Und nach Ellis sollen auch die Nayas in den Gebirgen Hinter-Indiens in Hungerjahren Menschenfleisch essen. Auch bei der im Jahre 1868 in Algier ausgebrochenen Hungersnot griff die Menschenfresserei unter den Eingeborenen um sich: das Kriegsgericht zu Blidah verurteilte einen Menschen zum Tode, der in weniger als einem Monate sechs Menschen getötet und gefressen hatte.[1]) Bei der letzten Belagerung von Messina soll das Fleisch der gefangenen Soldaten auf der Giudecca verkauft worden sein.[2]) G. A. Schumacher (Zur Rettung Schiffbrüchiger. Emden 1869) erzählt, dass auf dem Wrack des „Excelsior", der in der Nordsee vor der Insel Juist scheiterte, im Februar 1866, und auf dem Wrack der „Ocean Queen", die in der Ostsee vor der kurischen Nehrung in Trümmer ging, im Dezember 1866, Menschenfleisch gegessen worden ist. Und erst ganz vor Kurzem durchlief die Zeitungen wieder eine ähnliche Nachricht. Die Schiffbrüchigen des norwegischen Dampfers „Thekla" sollen, während sie sechszehn Tage lang hilflos und fast nahrungslos auf dem atlantischen Ocean herumtrieben, das Fleisch eines durch das Los bestimmten Holländers verspeist haben, nachdem von neun Mann der Besatzung bereits vorher fünf im Wahnsinn (infolge der Qualen des Hungers) über Bord gesprungen seien.

Im Anschluss an diese Beispiele notgedrungener, vorübergehender Menschenfresserei seien auch einige Fälle erwähnt, wo Anthropophagie infolge pathologischer Zustände aufgetreten ist. Im Jahre 1553 soll in Brettenburg eine schwangere Frau ihren Mann getötet und, während sie ihn verzehrte, drei Söhne geboren haben. Dasselbe Verbrechen soll im Jahre 1562 eine schwangere Frau in Droissig begangen haben. Wenn bei Meissner[3]) von einem Manne, in der Mitte des vorigen Jahrhunderts im Bayreuthischen lebend, erzählt wird, dass derselbe glaubte, er werde fliegen

---

[1]) Vgl. Bonner Zeitung 1869, 21. Januar.
[2]) Archiv für Anthropologie IV. S. 247.
[3]) Skizzen. Leipzig 1796. XIII. Sammlung S. 164.

können, wenn er neun Herzen von Kindern, die noch im Mutterleibe getragen werden, esse, so beruht dieser Aberglaube auch auf krankhaften Störungen. Dieser Mann wurde, nachdem er bereits acht schwangere Frauen getötet und die Herzen der Kinder „warm und zuckend" gefressen hatte, ergriffen und hingerichtet. Wenden wir uns jetzt der Betrachtung der gewohnheitsmässigen Anthropophagie zu, so werden wir dabei zweierlei auseinander halten müssen, nämlich die Verbreitung der Menschenfresserei und die Darstellung einiger besonders hervorstechender Wesenszüge derselben einer- und ihre Gründe andererseits. Es werden sich daher im ganzen vier Teile ergeben, indem der Reihe nach die Verbreitung der Menschenfresserei 1) im Altertume, 2) im Mittelalter und 3) in der Neuzeit, besonders der Gegenwart, ins Auge zu fassen und 4) der Kannibalismus in den Ländern seiner Verbreitung auf die durch deren Verhältnisse bedingten Ursachen zurückzuführen, ferner aber auch der Versuch zu machen sein wird, letzte allgemeine Gründe seines Auftretens zu finden.

Erster Abschnitt.

Wenn H. Schurtz (Globus Bd. 59 No. 19 S. 299) sagt: „*Der Kannibalismus ist eine Kinderkrankheit, die oft die kräftigsten Völker befällt*", so wird damit sowohl der Meinung derer widersprochen, welche die Anthropophagie als eine ursprüngliche Anlage der menschlichen Natur ansehen, als auch allen denen, welche, wie Rousseau, das Kindheitsalter der Menschheit als das goldene Zeitalter der Unschuld und Sittenreinheit preisen. Dass diese sich im Irrtum befinden, wird die folgende Untersuchung beweisen; dass jene Unrecht haben, ergiebt die Thatsache, dass der Mensch, wie die anthropoiden Affen, seinem Gebisse nach ein Fruchtesser ist. Wenn der Mensch von Natur nicht einmal zum Fleischesser bestimmt ist, so noch viel weniger zum Genusse des Fleisches seiner eigenen Gattung: „es zeigt sich darin eine Rohheit, die bei den Tieren nicht ihres Gleichen hat".[1] Vielmehr ist der Kannibalismus als eine Entartung, eine Verwilderung, eben als das Symptom einer Krankheit anzusehen, welche das Menschengeschlecht befällt, so lange es noch im Stadium der Kindheit sich befindet. Damit soll nicht behauptet werden, dass jedes Volk von dieser Krankheit befallen gewesen ist — wie nicht jedes Kind am Scharlach oder an den Masern oder irgend einer anderen Kinderkrankheit erkranken muss — denn der Beweis für diese Behauptung wäre unmöglich zu erbringen; aber es wird sich zeigen lassen, dass der Kannibalismus viel weiter verbreitet gewesen ist, als man für gewöhnlich zu glauben geneigt ist.

Von hervorragenden Forschern ist behauptet worden, dass der Kannibalismus hinaufreiche in die prähistorische Zeit. Man stützt sich dabei auf die in den letzten Jahrzehnten vielfach ge-

---

[1] Nur ausnahmsweise kommt es vor, dass ein Tier ein anderes seiner eigenen Gattung frisst. Vgl. Burdach „Physiologie etc.", Leipzig 1838, III. S. 133.

machten Höhlenfunde: man fand z. B. in den Höhlen von
Chavaux bei Namur in Belgien, in den Höhlen des Thales von
Ariège, von Sounchut, von Niaux-Grande und Niaux-Petite, von
Bédeillac im südlichen Frankreich, in der Einhornhöhle bei
Scharzfeld am Harz ¹) und an anderen Orten, zerschlagene mit
Werkzeugen bearbeitete, oft angebrannte Menschenknochen, die
man, z. B. Garrigou, betrachtet als „restes de repas faits par
l'homme". Regnault fand viele Menschenknochen „cassés par des
instruments tranchants" und zwar nach einer ganz bestimmten
Weise, die er „bec de flûte" nennt. Spring fand in den Höhlen
von Chavaux eine grosse Menge von Menschen- und Tierknochen,
vermengt mit Asche und Kohlenstücken. Alle Röhrenknochen
waren zerschlagen, „um zu dem Marke zu gelangen". Auch auf
der iberischen Halbinsel und in Italien sind Funde gemacht worden,
die auf Anthropophagie in vorgeschichtlicher Zeit schliessen lassen.
Allerdings kann nicht geleugnet werden, dass die Beweise für das
Vorkommen der prähistorischen Menschenfresserei „noch wenig
zahlreich und teilweise nicht recht beglaubigt sind"; aber es liegt
dies vor allem in der ungenügenden Zahl der Untersuchungen
und der Schwierigkeit derselben. „Immerhin aber mag nach dem
beigebrachten Beweismaterial die Anthropophagie prähistorischer
Menschen angenommen werden dürfen".²) Für diese Annahme
sprechen auch die Mythen und Sagen, Märchen und Volks-
überlieferungen aller Art, in denen sich vielfache Anklänge an
anthropophage Gewohnheiten der Völker, in denen sie entstanden,
finden. Ich muss mich hier mit nur wenigen Andeutungen begnügen und möchte besonders hinweisen auf die uns allen bekannten Märchen, in denen von Hexen und Menschenfressern die
Rede ist, wie z. B. in dem Märchen von „Hänsel und Grethel",
in der Geschichte von „Schneewittchen", wo die böse Stiefmutter
Herz und Leber, allerdings eines Rehs, aber in dem Glauben, es
sei Schneewittchens Herz und Leber, isst.

  Die Erwähnung der Sagen von Tantalus, Atreus, Poly-
phem u. a.³) führt mich bereits zu den Zeugnissen für Anthropophagie im Altertume, wie sie in den Schriften der antiken Autoren

---

  ¹) Vgl. Struckmann's Bericht über seinen Fund in dieser Höhle im
Archiv f. Anthropol. XIV. S. 227 ff.
  ²) Vgl. Andree, die Anthropophagie. Leipzig 1887. S. 7.
  ³) Vgl. Vergil. Aeneis VIII, 192.

reichlich enthalten sind. Manche der Berichte freilich, die wir bei den alten Schriftstellern über Menschenfresserei finden, sind ins Bereich der Sage zu verweisen; soviel aber erhellt aus allen, hier in Betracht kommenden Belegstellen, dass der Kannibalismus (ich verstehe unter Kannibalismus und Kannibalen in dieser Arbeit durchgehends Menschenfresserei und Menschenfresser) im Altertum eine Thatsache war. Besonders reiches Material findet man bei Herodot und Strabo. Bei Herodot (I, 216) finden wir die Notiz, dass die Massageten, ein skythisches Volk in Central-Asien, diejenigen Leute töten, welche „*gar zu alt*" werden: alle Verwandte des Betreffenden kommen zusammen und schlachten ihn nebst einigen Stücken Vieh und kochen alsdann das Fleisch und halten einen Schmaus. „*Das gilt bei ihnen für den seligsten Tod*". Wer aber an einer Krankheit stirbt, wird begraben, und man trägt grosses Leid, dass er nicht hat können geschlachtet werden. Die Nachbarn der Massageten, die Issedonen, hatten nach Herodot (IV, 26) folgende Sitte: Wenn einem sein Vater stirbt, so bringen alle Verwandte Vieh herbei und schlachten dasselbe und den Verstorbenen; „*dann mengen sie das Fleisch unter einander und halten einen Schmaus*". Der Kopf aber wird „*abgezogen und gereinigt und vergoldet*"; derselbe gilt als ein Heiligtum, dem alljährlich grosse Opfer dargebracht werden. Und ferner (IV, 70) berichtet unser Gewährsmann, dass die Skythen bei Abschliessung eines Bündnisses Wein mit menschlichem Blute vermischt trinken. Von den Kalatiern, einem indischen Volke, erzählt er (III, 37), dass sie ihre Väter essen; von einem anderen indischen Stamme, den Padäern, berichtet er (III, 99) Folgendes: Wenn einer ihrer Mitbürger erkrankt, sei es Mann oder Frau, so töten ihn, wenn es ein Mann ist, die Männer, die seine nächsten Freunde sind; denn sie sagen, die Krankheit zehre ihn ab, und das Fleisch werde ihnen verdorben. „*Wenn er auch noch soviel sagt, er wäre nicht krank, so erschlagen sie ihn doch ohne Barmherzigkeit und schlachten ihn*". Wird ein Weib krank, so machen es die Weiber ihrer nächsten Verwandschaft gerade wie die Männer. Auch jeder, der alt wird, wird geschlachtet und gegessen. Herodot fügt jedoch gleich hinzu: „*Dahin kommen aber wenige von ihnen, weil sie gleich jeden töten, der in eine Krankheit fällt*". Auch von den Aethiopen, welche um die heilige Stadt Nysa oder Nyssa (vielleicht Naggar am Nilab?) in Indien wohnen, überliefert Herodot (III, 47), dass sie Menschenfresser seien. Nach Strabo (Erdbeschreibung

IV, 201) ist die Menschenfresserei eine „*skythische Sitte*". Die Skythen, sagt er (VII, 298), schlachten die Fremden, essen ihr Fleisch und benützen ihre Schädel als Trinkgefässe. Die Nachricht Herodots bezüglich der Massageten bestätigt Strabo, indem er (XI, 513) berichtet: „*Für den schönsten Tod halten sie es, wenn sie hochbejahrt mit Hammelfleisch zusammengehackt und damit zugleich verspeist werden*". Von den Derbikern, einem Volke in der Landschaft Margiana (Μαργιάνη, der nördliche Teil des heutigen Iran), heisst es bei Strabo (XI, 520), dass sie die über 70 Jahre alten Männer schlachten und essen. Die alten Weiber dagegen werden aufgehängt und begraben. Die unter 70 Jahren Verstorbenen werden nicht gegessen, sondern begraben. Von den Bewohnern des Kaukasus erzählt dieser Gewährsmann (XV, 710), dass sie das Fleisch von den Körpern ihrer Verwandten verzehren. Von den Karmaniern, einem Volke westlich des Indus nach Persien hin wohnend, erfahren wir (XV, 727): „*Keiner heiratet, bis er einem Feinde den Kopf abgeschnitten und dem Könige gebracht hat; dieser aber verwahrt die Schädel in der königlichen Wohnung, die Zunge jedoch schneidet er in kleine Stücke, vermischt sie mit Mehl und giebt sie, nachdem er selbst davon gekostet, dem Ueberbringer und dessen Verwandten zum Verspeisen*".

Besonders interessant ist das, was Strabo (IV, 201) von den Iren erzählt. Es heisst wörtlich bei ihm: „*Um Britannien her sind auch noch andere, kleine Inseln, jedoch auch eine grosse, Hibernien (Ἰέρνη), welche ihm nördlich gegenüber liegt, mehr lang als breit. Von ihr wissen wir nichts Gewisses zu berichten, als dass ihre Bewohner noch roher sind, als die Britannier, indem sie sowohl Menschen- als Vielfresser (nach der „Epitome" ποιγράγοι = Grasfresser) sind, und es für rühmlich halten, ihre verstorbenen Eltern zu verzehren.*" Diese Nachricht, dass die Bewohner von Irland Anthropophagen seien, wird auch bestätigt von Diodorus Siculus (VI, 16), der allerdings nichts davon weiss, dass die Iren ihre verstorbenen Eltern, wohl aber das Fleisch der besiegten Feinde verzehren. Derselbe Schriftsteller spricht auch von der Anthropophagie der Skythen, und Aulus Gellius und Lukian berichten, dass man in Skythien das Menschenfleisch für die gesündeste Speise halte; Plinius (Naturg. VII, 22) fügt zu den schon erwähnten Anthropophagen-Stämmen noch einen Stamm hinzu, der zehn Tagereisen nördlich vom Borysthenes (Dniepr) wohne. Und bei Aristoteles (Politik VIII, 4) lesen wir: „*Giebt es doch viele Völker, welche, wie die Achäer und Heniochen am Schwarzen Meere und andere im dortigen Binnenlande zum Teil in demselben und zum Teil in noch höherem Masse, zum Morden und Menschenfressen gleich bei der Hand sind und Raublust genug zeigen, aber an Tapferkeit darum doch keinen Teil haben."*

Ein wertvolles Zeugnis für die Annahme, dass sich die Menschenfresserei der nordeuropäischen Völker in einzelnen Fällen sehr lange erhalten hat, finden wir beim heiligen Hieronymus, der von 330—420 n. Chr. Geb. lebte. Derselbe erzählt (Euseb Hieronym. Ed. Paris, 1845, Op. II, 335), dass er als Knabe in Gallien Skoten (Prichard und nach ihm Spring und Andree führen eine andere Lesart an, wo das Volk „*Attacoti*" genannt wird), eine britannische Völkerschaft, Menschenfleisch habe essen sehen. Die Stelle: „*Et cum per silvas porcorum greges et armentorum pecudamque reperiunt, puerorum nates et has solas ciborum delicias arbitrari*", beziehen Holtzmann (in seinem Werke „Kelten und Germanen". Stuttgart, 1854) und auch Andree (a. a. O. S. 14) auf die entsprechenden Körperteile des Menschen (allerdings versteht Holtzmann dabei unter den Scoti die Iren, die im dritten und vierten Jahrhundert vielfach diesen Namen führen). Schaafhausen meint dagegen [1]), es seien die Körperteile der angeführten männlichen und weiblichen Tiere darunter zu verstehen, ohne dass er doch seine Behauptung durch irgend welchen sicheren Beweis stützen könnte. Denn, wenn er argumentiert, wie folgt: „*Die angebliche Verstümmelung menschlicher Körper wird von keinem alten Schriftsteller berichtet und kommt bei keinem wilden Volke vor; nur die Abyssinier schnitten den Besiegten, ohne sie zu töten, die Genitalien ab und nahmen sie als Trophäen mit*", so liegt die Schwäche dieser Beweisführung auf der Hand. Auch möchte ich noch darauf hinweisen, dass von den Kaffern vielfach behauptet worden ist, dass sie den besiegten Feinden die Schamteile abschnitten; allerdings sind diese Nachrichten nicht ganz sicher verbürgt Eine sehr alte diesbezügliche, aber natürlich mit grosser Vorsicht aufzunehmende Nachricht liegt vor in dem Werke: „*Icones vivae, verae et genuinae nationum gentiumque omnium, quotquot accolunt ad oram maritimam, quae a Gadibus usque in Indiam orientalem etc. etc. Omnia elaboratissime criticissimeque in aere repraesentata, opera studio sumtuque Jo. Theodori et Jo. Israelis de Bry fratrum.*" Francoforti

---

[1]) Archiv für Anthropologie IV. S. 251.

M. D. XC.IX. (vgl. Tafel IV., Bild und Text). — Jeder Zweifel übrigens, wie die betreffende Stelle zu verstehen sei, schwindet jedoch, wenn man die Lesart acceptiert, die manche Handschriften haben: „*pastorum nates*", statt „*puerorum nates.*"

Wenn Homer (Il. XXII, 346) den Achilles dem Hektor zurufen lässt:

„*Dass doch Zorn und Wut mich erbitterte, roh zu verschlingen Dein zerschnittenes Fleisch, für das Unheil, das du mir brachtest!*"

so folgt daraus noch nicht, dass die Griechen in ältester Zeit das Fleisch der Besiegten gegessen hätten, und in diesen Worten sich eine Reminiscenz daran erhalten hätte. Denn wirklich sichere Beweise liegen nicht vor für diese Behauptung, die auch Barthélemy in der Einleitung zur „*Reise des Anacharsis*"[1]) ausspricht; sondern alle diese Behauptungen stützen sich hauptsächlich auf die griechischen Mythen von Kronos u. a. m. Und auch die Bemerkung bei Horatius (de arte poetica 391), dass Orpheus bei den Griechen das Essen des Menschenfleisches abgeschafft habe, bringt uns nicht weiter: wir bewegen uns hier auf durchaus unsicherem Boden und sind nur angewiesen auf Vermutungen; Vorsicht ist daher hinsichtlich des Schliessens geboten. — Wenn von dem Könige Busiris von Aegypten erzählt wird, dass er Fremde als Opfer für die Götter geschlachtet und von ihrem Fleische gegessen habe, so liegt diesem Berichte kaum irgend welche historische Thatsache zu Grunde; denn wir finden bei den alten Aegyptern keine Spur von Anthropophagie, daher ist jedenfalls auch die Notiz bei Juvenal (Sat. XV.), wo er den Aegyptern vorwirft, sie mieden das Fleisch von Schafen und Ziegen, erlaubten aber den Genuss von Menschenfleisch, mit der grössten Vorsicht aufzunehmen. Es handelt sich hierbei vermutlich um ganz andere Dinge als um Menschenfresserei (das Wort im eigentlichen Verstande gebraucht), wie ich noch im vierten Abschnitte zeigen werde.

Ebenso ist Skepsis am Platze, wenn wir bei Livius (XXIII, 5) lesen, das Hannibal seine Soldaten Menschenfleisch essen lehrte, „*um sie wild und kriegerisch zu machen.*" Allerdings sagt auch Seneca (de ira II., 5), dass dieser grosse karthagische Feldherr Freude am Blutvergiessen hatte, weil er von Jugend auf Mord-

---

[1]) Vgl. Voyage du jeune Anacharsis en Grèce par Barthélemy, ed. J. H. Meyer, Halle 1809, S. 1: „*Les vainqueurs dévoraient les vaincus.*"

scenen beiwohnte. Auch aus solchen Stellen, wie wir sie bei Plinius (Naturgesch. XXX., 3—4) und bei Sallust (Catil. 22), ferner bei Horaz (Epod. V.) finden, müssen wir uns hüten, zu viel zu folgern. Plinius berichtet nämlich, dass noch im Jahre 97 v. Chr. Geb. in Rom ein Verbot der Menschenopfer erlassen wurde (dies Verbot wurde dann nochmals erneuert durch Augustus, ferner durch Tiberius, ja sogar noch durch Hadrian). Nach Sallust tranken Catilina und seine Genossen Menschenblut mit Wein vermischt und opferten noch überdies einen Knaben, *„auf dessen Eingeweide sie schwuren, und wovon sie dann assen.*" Horaz endlich wirft seiner einst geliebten Canidia vor, kleine Kinder (scheinbar zu religiösen Zwecken) geopfert zu haben. Auf die Vorwürfe der Anthropophagie, die in den ersten christlichen Jahrhunderten heidnische Schriftsteller den Christen und christliche den Heiden machen, ist natürlich nichts zu geben. Menschenopfer allerdings waren, bis in die ersten christlichen Jahrhunderte hinein, in Rom nicht selten, wie schon die oben angeführten Verbote derselben zeigen, und wie aus vielen Stellen in den Schriften der Alten hervorgeht (vgl z. B. Dio Cassius XLIII., 24 — Livius XXII, 57 u. a. m.). Auch in Griechenland fehlten dieselben keineswegs (vgl. Diog. Laert. I., 10 — Herodot VII., 197 — Plutarch, Themist. 13 — Tertullian ad Martyr. 4). Ebenso berichten die alten Quellen von Menschenopfern bei den Briten (Tacitus, Annal. XIV, 30), den Galliern (Caesar, de bello gall. VI., 16) und den Germanen (Tacitus, Germ. 9 und 39). Aber nicht immer muss man von Menschenopfern auf Menschenfresserei schliessen, obwohl schon F. A. Wolf (verm. Schriften, Halle 1802, S. 271) und viele neuere Schriftsteller jene auf diese zurückzuführen versucht haben. Alle Menschenopfer sind gewiss nicht aus der Anthropophagie hervorgegangen; vielen liegt die Vorstellung der Sühne zu Grunde (vgl. auch H. Schurtz, a. a. O S 300).

Eines Volkes muss hier noch Erwähnung gethan werden, ehe ich zum zweiten Abschnitte übergehe: ich meine das jüdische Volk. Es ist nicht zu bezweifeln, dass die Menschenopfer der alten Hebräer mit dem Genusse von Menschenfleisch und Blut verbunden waren.[1]) Die sehr zahlreichen Andeutungen des alten

---

[1]) Ueber die allgemeine Uebung der Menschenopfer bei den alten Hebräern kann wohl nach F. W. Ghillanys Ausführungen (Menschenopfer der alten Hebräer. Nürnberg 1842) kein Zweifel mehr herrschen.

Testamentes über Kannibalismus im Gebiete des hebräischen Volkes (und seiner Nachbarstämme) beruhen ganz entschieden auf klarer geschichtlicher Erinnerung. Den Verfassern der heiligen Schriften ist freilich die Anthropophagie ein Greuel, *„eine Verblendung, mit welcher der Herr straft"*; nebenher finden sich aber einige deutliche Rudimente kannibalischer Gewohnheiten im Gesichtskreise des jüdischen Volkes. Aus 11. Mose 23, 24 scheint hervorzugehen, dass in der ältesten Zeit das Blut der erschlagenen Feinde getrunken wurde; auch aus 4. Mose 24, 8 lässt sich folgern, dass das Fleisch des besiegten Feindes gegessen wurde. Aus Hesekiel 36, 13 und 14 hat man auf das Essen der dem Herrn geopferten Kinder geschlossen. Doch muss man auch hierbei vorsichtig sein und sich nicht zu allzu gewagten Rückschlüssen hinreissen lassen. Ich möchte vor allem daran erinnern, dass die Schriften des alten Testamentes wie die Schriften und Dichtungen aller orientalischen Völker (man lese z. B. nur eine arabische Gedichtsammlung wie die Hamâsa) überreich sind an kühnen Bildern, Metaphern aller Art u. dgl. m. — Das hin und wieder auftretende Verschlingen der Nachgeburt aber kann als Abschwächung des einstigen Kinderverzehrens angesehen werden, ebenso deutet die Erwähnung des Greuel-Bissens (2. Kön. 18—23) auf ehemalige kannibalische Bräuche hin. Dass vom Passahlamm mindestens ein Stück in der Grösse einer Olive gegessen werden musste, „als wenn es ein Gegenstand des Abscheues sei", und dass Frauen nicht gezwungen wurden, davon zu essen, deutet man auch auf alte Bräuche, auf die Sitte des Essens von Menschenfleisch bei der Darbringung von Menschenopfern.[1]) Opferschmäuse, bei denen Menschenfleisch gegessen wurde, werden auch den alten Kananitern vorgeworfen (vgl. Buch der Weisheit 12, 3 ff.).

Fassen wir kurz das Angeführte zusammen, so ergiebt sich ganz unzweifelhaft, dass das Vorhandensein der Anthropophagie im Gesichtskreise der Alten nachweisbar ist, auch wird dasselbe genügen, um den Zusammenhang festzustellen, welcher zwischen den Kannibalen der Vorzeit und denen der Gegenwart besteht. Ja, es hat sich gezeigt, dass die Annahme der prähistorischen Anthropophagie, wenn auch nicht unbedingt sicher erweislich, so doch als eine durchaus mögliche, ja wahrscheinliche zu betrachten ist.

[1]) Noch zur Zeit der Römer wurden am Passahfeste Verbrecher hingerichtet (Joseph. contra Apion II, 8).

Zweiter Abschnitt.

Im Beginn des Mittelalters greift in der Länder- und Völkerkunde das Märchenhafte immermehr Platz. Von menschenfressenden Stämmen wird zwar viel erzählt, aber es ist keine Lokalisierung möglich. Zuverlässiges bieten erst wieder im weiteren Verlaufe des Mittelalters die arabischen Reiseberichte. Wenn wir mit Peschel[1]) die Insel Ramni des Suleiman (erste Hälfte des 9. Jahrhunderts n. Ch. G.) als Sumatra deuten, so wären damit die Angaben des Ptolemäus[2]) bestätigt, *„der in der ostasiatischen Inselwelt eine ganze Kette von Menschenfresser-Eilanden kennt, die sich halbkreisförmig von Java bis zu den Andamanen um die hinterindische Halbinsel legt".* Ja, noch mehr: wir finden alsdann auch einen Teil seiner Anthropophagen in den Batta-Völkern bestimmt nachgewiesen.

Nachdem gegen Ende des Zeitalters der Kreuzzüge zahlreiche Christen das Innere Asiens aufzusuchen begonnen hatten, empfangen wir aus dem Orient zuverlässige Nachrichten über den „ungemildert herrschenden" Volksgebrauch. „Kleine Uebertreibungen und abenteuerliche Missverständnisse muss man freilich der erhitzten Phantasie zu Gute halten". Die weiten Gebiete vom Aralsee bis an die Küsten des chinesischen Meeres und die reiche Inselflur Ostasiens werden jetzt der Völkerkunde erschlossen. Plano Carpini[3]) (1182 bis ca. 1250), Rubruk[4]), Marco Polo erzählen mit grosser Treue von leicht erkennbaren Resten der blutigen Sitte

---

[1]) Völkerkunde Leipzig 1885 S. 163.
[2]) Geographie, deut. Uebers v. Georgi in seiner „Alten Geographie" Bd. I, Stuttgart 1838.
[3]) Der Bericht seiner Reisen ist veröffentlicht worden von D'Avezac, Paris 1838.
[4]) Vgl. Recueil des voyages publié par la Société de Géogr. Paris 1839 IV. 289.

des Menschenfressens. Rubruk weiss von den Tibetanern zu erzählen, welche ihre Toten verzehren, wie die Massageten, Issedonen und Padäer des Herodot. Am reichhaltigsten aber ist Marco Polo. Von den Tartaren um die Stadt Cianda (Xandu) sagt er,[1]) dass sie Menschenfleisch essen. *„Fleisch von Alten oder von Kranken isst man aber nicht, sondern blos das, welches die zum Tode verdammten Missethäter liefern.*[2]) Von den Bewohnern des Königreiches Fugui[3]) hören wir (a. a. O. S. 186), dass sie den Genuss des Menschenfleisches für etwas sehr Köstliches halten; *„doch darf dasselbe nicht von Kranken oder Verstorbenen sein"*. Im Kriege saugen sie den erlegten Feinden erst das Blut aus, und dann verzehren sie das Fleisch derselben. Von dem Kannibalismus der Tartaren weiss auch späterhin noch Sebastian Münster zu erzählen[4]): *„Und damit sie ihr grimmig Gemüt anderen Leuten erzeugen und auch ihrer Rache genug thun können, braten und fressen sie ihre Gefangenen und trinken ihr Blut"*. Ein Johannes Vitoduranus sagt[5]) von einem Einfall der Tartaren in Preussen im Jahre 1341: *„Hi pagani pueros christianorum rapientes de manibus matrum suarum devorarerunt, carnes infancium et lactencium dulces pre ceteris asserentes"*. Die Hamburger Fortsetzung der Chronik Detmars von Lübeck erzählt[6]) von dem Tartaren-Einfall in Preussen 1410 Folgendes: *„Wur, des en bruk in den derthen, dar grepen se an de menschen, sunderliken vrowen unde juncvrowen, de unerden se, unde, wen se eren snoden willen hadden mit en vullbracht, so stecken se dore se, soghen ut ere blot unde dat vlesch vreten se ro. Wor se funden kindere, den sloghen se aff ere koppe; se sneden up ere buke; se worpen uth de kaldunen unde eten darran de helfte. De anderen helfte henghen se in den zadel unde ettent darna, wente se hungherde"*. Die ältere Hochmeister-Chronik endlich berichtet[7]) von eben dem Jahre 1410: *„Tarthari humanis carnibus vescebantur, nam et quartam partem corporis puerilis per pedem circa cingulum suspensam visi sunt de Tartharis portitare"*.

---
[1]) Reisen des Venetianers Marco Polo, übers. von F. Peregrin. Ronneburg und Leipzig 1802, S. 86.
[2]) Cianda ist (?) Kaiping fu am Chingian-Gebirge (jetzt in Ruinen).
[3]) F. ist im Nordwesten des heutigen Chinesischen Reiches zu suchen.
[4]) Vgl. Kosmographie etc. etc. Basel 1550. S. Mcxlvij.
[5]) Script. rerum Prussicarum II, 740.
[6]) Script. rerum Prussicarum III, 405.
[7]) Script. rer. Pruss. III, 724.

Von den Bewohnern der Insel „Zipangu", d. i. Japan, erzählt Marco Polo (a. a. O. S. 198) Folgendes: *„Trifft es sich, dass ein von ihnen zum Gefangenen gemachter Fremdling sich durch Geld lösen kann, so giebt man ihm alsbald die Freiheit; hat der Arme aber kein Geld, so wird er getötet und gekocht und dann in Gesellschaft von Angehörigen und Freunden verzehrt"*. Ueber die Bewohner der Insel Klein-Java, d. i. Sumatra, erfahren wir auch verschiedene interessante Daten. Marco Polo spricht von 6 Königreichen, die auf der Insel vorhanden, und die er alle durchreiste (a. a. O. S. 202 ff.). Die Bewohner des Königreiches Ferlech, wie der Königreiche Samara und Dragojan sind Menschenfresser. Von den ersteren heisst es (S. 203): *„Selbst Menschenfleisch behagt ihrem Gaumen"*. Von den Bewohnern von Samara lesen wir (S. 205): *„Die Bewohner des Landes sind sehr wild, sie essen das Fleisch der Menschen mit grossem Appetite"*. Die Bewohner von Dragojan — vielleicht die heutigen menschenfressenden Batta — töten auch, gleich den Japanern, die gefangenen Fremdlinge, die sich nicht durch Geld loskaufen können, und verzehren sie dann (a. a. O. S. 206 und 207). Ferner erzählt Marco Polo von diesen Wilden noch Folgendes: *„Wird jemand krank, so versammeln sich seine Freunde und Verwandte, rufen die Magier herbei und fragen dieselben, ob der Kranke wohl davon kommen werde. Antworten diese, dass der Kranke dem Tode nicht entrinnen könne, so halten sie demselben den Mund zu, um ihn am Atmen zu verhindern, und so bewirken sie, dass er von ihrer Hand und nicht durch die Krankheit stirbt. Dann schneiden sie das Fleisch ab, kochen und verzehren es; und das sind Verwandte und Freunde, welche dieser abscheulichen Gewohnheit frölmen! Sie sagen zu ihrer Rechtfertigung, dass, wenn das Fleisch faule, die Würmer dasselbe verzehren würden, und fänden nun diese letzteren nichts mehr zu leben, so würden sie den Hungertod sterben, aus welchem Grunde die Seele des Verblichenen unausstehlich in der anderen Welt würde leiden müssen"*.[1]) Endlich sind noch zu erwähnen die Bewohner der Insel Angaria, die heutigen Andaman-Insulaner, von denen Marco Polo (a. a. O. S. 209) auch angiebt, dass sie Menschenfleisch essen; auch sollen ihre Köpfe viel Aehnlichkeit mit Hundeköpfen haben. Eigentümlich ist dabei der Umstand, dass die heutigen Bewohner dieser Inseln, obwohl auf einer ausserordentlich niedrigen Stufe

---

[1]) Vgl. hierzu den oben angeführten Bericht Herodots betreffend die Padäer. S. 9 und 10.

der Gesittung stehend, keine Kannibalen sind.[1]) Diese Berichte Marco Polos sind für uns von grossem Werte; auch haben wir gar kein Recht, an ihrer Glaubhaftigkeit zu zweifeln, wenn wir auch die eine oder die andere Angabe für übertrieben und phantastisch ausgeschmückt halten müssen. Schon Chamisso[2]) sagt: *„Die Bemerkungen dieses Reisenden sind im Bereiche seiner eigenen Erfahrungen immer treu, und die Fabeln, die er auf Autorität erzählt, sind an den Orten, wo er sie gesammelt hat, noch nicht verschollen".*

Es sei ferner noch ausdrücklich darauf hingewiesen, dass die Nachrichten über die Kannibalen Sumatras zu Beginn des 14. Jahrhunderts bestätigt werden durch Oderich von Portenau[3]), (der im Jahre 1330 von seinen Reisen nach Tibet etc. nach Europa zurückkehrte); derselbe berichtet auch von Anthropophagie (und Schädelkultus) in Tibet. Die anthropophagen Batta werden dann zuerst namhaft gemacht durch Nicolo Conti[4]), welcher ein Jahr auf Sumatra lebte, und der, nachdem er 25 Jahre lang Asien bereist hatte, 1444 vom Papste Eugenius IV. dafür Absolution erhielt, dass er während dieser Zeit seinen Christenglauben verleugnet hatte. Auch die Andaman-Insulaner bezeichnet er als Menschenfresser. Odoardo Barbessa bestätigt die Nachricht von der Anthropophagie der Bewohner von Sumatra ebenfalls, und von den Bewohnern von Celébes erzählt er Folgendes[5]): *„Wenn der König der Molukken-Inseln einen Verbrecher hinrichtet, so bitten ihn die Bewohner von Celébes um den Leichnam, wie man um ein Schwein bitten würde".* Barthema von Bologna (um 1500) kennt auch auf Java Kannibalen[6]): *„Man findet Länder auf dieser Insel, wo die Bewohner gar Menschenfleisch essen. Sie haben folgenden abscheulichen*

---

¹) Vielleicht hat auch hier, wie bei vielen polynes. Stämmen lange vor Einführung des Christentums, ein natürliches Schamgefühl die Abschaffung des scheusslichen Brauches herbeigeführt.
²) Reise um die Welt. ed. Rauschenbusch. Berlin 1870. II. S. 402.
³) S. Reisebeschrbg. aufges. von Wilhelm von Solagna i. d. Sammlg. von Ramusio (1485 - 1557): Raccolta delle navigattioni et viaggi. Ven. 1550, 1559 und 1566. 3 vol. in Fol. 1. S. 300 ff.
⁴) Fragmente s. Berichte bei Ramusio a. a. O. I. S. 366.
⁵) Vgl. Ramusio a. a. O. I. S. 343 u. 344.
⁶) Vgl. Hodaeporicon Indiae orientalis; das ist: Wahrhaftige Beschreibung der edlen lobwürdigen Reiss, welche der edel, gestreng und weiterfahrene Ritter H. Ludwig de Barthema von Bononien aus Italia bürtig . . . persönlich verrichtet . . . übersetzt von Hieronymus Megiserus. Leipzig 1608 S. 321.

und unmenschlichen Brauch: Wenn ein Vater alt wird und zu keiner Arbeit mehr tauglich ist, so nehmen ihn seine Söhne und nächsten Freunde und verkaufen ihn; die Käufer töten, kochen und essen ihn alsdann. Wenn ein junger Mensch schwer erkrankt und man befürchtet, dass er nicht wieder aufkommen werde, so wird er getötet von seinen eigenen Anverwandten und zum Essen an andere verkauft". Martin Behaim berichtet auch 1492 von dem Königreiche Drageram auf Java, dass man dort die Kranken bei Zeiten ersticke und die Freunde das Fleisch derselben mit grosser Freude verzehren, *„damit es nicht den Würmern zu Teil werde".* Aber vielleicht liegt hier eine Verwechslung vor, und diese Erzählung bezieht sich auf das Königreich Dragojan auf Klein-Java (also Sumatra) von dem wir ganz Aehnliches bei Marco Polo hörten. Solche Berichte von Menschenfressern auf Java sind dann auch übergegangen in die schon erwähnte Kosmographie des Sebastian Münster, wo es S. Melxxix heisst: *„In etlichen Städten dieser Insel frisst man Menschenfleisch, besonders wenn der Mensch alt wird und nicht mehr arbeiten kann; oder wenn er jung ist und in eine verzweifelte Krankheit fällt, so lässt man ihn nicht sterben, sondern schlachtet ihn bei Zeiten, kocht und frisst ihn".* Endlich will ich noch erwähnen, dass Antonio Pigafetta[1]) von verschiedenen malayischen Inseln erzählt, dass sie von Kannibalen bewohnt sind. A. a. O. S. 214 heisst es: *„Zehn Meilen östlich von Buru ist noch eine grössere Insel, die an Giailolo* (Dschilolo) *grenzt und Ambon* (Amböine) *heisst. Sie wird von Mauren und Heiden bewohnt; die ersteren wohnen an der Küste und die letzteren im Innern des Landes; diese sind Menschenfresser"* und S. 215 lesen wir: *„Die Einwohner der Insel Malhua* (oder Malua, zu den kleinen Sunda-Inseln gehörig, nördlich von Timur gelegen) *sind Wilde und gleichen eher unvernünftigen Tieren als Menschen. Sie sind Menschenfresser und gehen ganz nackend bis auf ein kleines Stückchen Baumrinde, womit sie ihre Scham bedecken".* Schliesslich sei noch hingewiesen auf S. 166, wo wir Folgendes angegeben finden: *„Wenn die Bewohner von Benajan* (vielleicht Surigao nordöstlich von Dschilolo) *eines Feindes habhaft werden, so verzehren sie sein Herz ganz roh mit einer Brühe von Pomeranzen und Citronen".*[2])

---

[1]) Reise um die Welt. Deutsche Uebersetzung. Gotha 1801.

[2]) Dabei ist allerdings zu bemerken, dass Pigafetta die genannte Insel und ihre Bewohner nur vom Hörensagen kennt.

Gegen Ende des Mittelalters gleich mit den ersten Fahrten der Portugiesen treten in Afrika Völker in unseren Gesichtskreis, deren religiöse Gebräuche zum Teil auf kannibalistischen Vorstellungen beruhen, oder die noch dem ursprünglichen Laster fröhnen. Bei den Guanchen, den Bewohnern der kanarischen Inseln, finden sich Menschenopfer und Schädelkultus neben „sehr verdächtigem Begräbniss-Zeremoniell". Ganz genau bekannt aber mit der Menschenfresserei zeigten sich die Neger am Gambia, „welche in den Leuten des Kadamosto"[1]) (1432—1480) Anthropophagen fürchteten. Ibn Batuta, der berühmteste arabische Reisende im 14. Jahrhundert, spricht von einem Volk menschenfressender Neger in Central-Afrika: *„dieselben kämen bisweilen nach Melli im Sudan und verzehrten bei einer solchen Gelegenheit eine ihnen vom Sultan geschenkte Sklavin; Busen und Hände der Frauen hielten sie für die grössten Leckerbissen; das Fleisch der Weissen aber verschmähten sie als unreif".* Als die Guinea-Fahrten begannen, und mit der Entdeckung Amerikas war ein räumlich sehr weit ausgedehntes Gebiet kannibalistischer Sitten gegeben. Doch darauf haben wir erst im folgenden Kapitel einzugehen.

Ehe ich jedoch diesen Abschnitt schliesse, möchte ich noch, wenn auch nur ganz vorübergehend, darauf hinweisen, dass auch in Europa während des ganzen Mittelalters *„nicht nur zahlreiche Rudimente die ehemalige Herrschaft der Anthropophagie bezeugen, sondern dass sogar hie und da noch abergläubischer Wahn in kannibalistischen Ausschweifungen sich Bahn bricht".* Von den Hunnen wird berichtet[2]): *„Corda hominum quos capiunt particulatim dividentes veluti pro remedio devorant".* Aber auch weder im skandinavischen Norden, noch unter den Slaven war die Anthropophagie unbekannt. Von dem slavischen Stamme der Wilzen erzählt Notker ganz ausdrücklich, dass sie die Leichen ihrer Eltern zu verzehren pflegten. Im „*Atlamal*" der Edda ist „*thyesteischer Mahlzeiten*" gedacht.[3]) *„Für das deutsche Volksgebiet aber ist es sehr bezeichnend, dass die „Lex Salica" (vgl. Ausg. von G. Waitz) ein Verbot des Kannibalismus zu magischen Zwecken enthält".* Interessant ist auch die von Kugler[4]) mitgeteilte Uebersetzung eines französischen Gedichtes über die Belagerung von Antiochien; da heisst es:

---

[1]) Bericht seiner Reisen Vic. 1507. Vgl. auch Ramusio a. a. O. I. S. 105 ff.
[2]) Regino Chronicon ad ann. 889 bei Pertz Mon. I. 600.
[3]) Ausgabe von Simrock. Stuttgart 1882, S. 227 ff., besonders 236.
[4]) Geschichte d. Krenzzüge (in d. Oncken'schen Samml. Berlin 1880) S.53.

„Sie häuten ab die Türken und weiden gut sie aus.
Gesotten und gebraten wird dann das Fleisch zum Schmaus.
Gar weidlich mundet's ihnen: sie essen's ungesalzen,
Noch auch des Brots dazu. Ein mancher spricht mit Schnalzen
Zu seinem Nebenmann: „Die Fasten sind vergangen,
Mich will mein Lebtag nicht nach bess'rer Kost verlangen,
Dem Schwein'fleisch zieh ich's vor und oelgesott'nem Schinken,
Lasst uns dran gütlich thun, bis wir zu Boden sinken".

Die belagerten Muhamedaner sind über die *„Schändung der Toten"* entsetzt, so dass Boemund von Tarent es für gut befindet sich zu entschuldigen und den Führer des Gesindels, welches die toten Türken verzehrt hat, den Bettlerkönig Tafur, einzig verantwortlich zu machen.

Nach allem, können wir jetzt, das vorliegende zweite Kapitel abschliessend, sagen, ist zu Beginn des Zeitalters der Entdeckungen Kannibalismus auf dem asiatischen Kontinent und auf den indischen Inseln *„als ungeschwächter Gebrauch"* und in grosser Ausdehnung nachgewiesen. An der Westküste und im Innern Afrikas sind auch bereits Spuren von Menschenfresserei entdeckt. Ja, auch in Europa sind noch deutliche Reste kannibalistischer Gewohnheiten vorhanden bei Slaven und Germanen.

Dritter Abschnitt.

Durch die Auffindung neuer Länderstrecken und durch mühevolle Erforschung dieser, wie auch der schon von jeher bekannten Gebiete in den letzten Jahrhunderten ist eine ganze Menge von neuen der Anthropophagie ergebenen Völkerschaften entdeckt worden. Europa scheidet nunmehr gänzlich aus unserer Betrachtung aus. Von den übrigen Erdteilen will ich zunächst einen Blick auf Asien werfen und alsdann die Verbreitung des Kannibalismus in Amerika einer-, Australien, Melanesien, Polynesien und Mikronesien andererseits ins Auge fassen, um mit der Darstellung der Anthropophagen-Stämme Afrikas zu schliessen, da dieser Erdteil ja, auch in dieser Beziehung, erst in neuester Zeit unserer genaueren Kenntniss erschlossen worden ist.

Erstes Kapitel.

Wenden wir uns also zunächst zur Betrachtung Asiens und seiner Inselwelt, so ist es auffällig, dass die Nachrichten von Menschenfresserei auf dem Festlande von Asien in neuerer Zeit nur sehr spärlich und noch obendrein sehr unsicher sind. Berichte von notgedrungener Anthropophagie liegen allerdings einige vor (vgl. die Einleitung), von den Jukuten und Tungusen, also mongolischen Stämmen, wird berichtet, dass sie die Nachgeburt ihrer eben entbundenen Weiber „gebraten oder gekocht" geniessen. Die Weiber der Kamtschadalen essen die Nachgeburt, um desto schneller wieder gebären zu können.[1] Die Darden sollen das Blut ihrer Feinde trinken und die Tschuktschen essen bei Ausübung der Blutrache Stückchen vom Herzen des Getöteten, „um dadurch dessen Anverwandte krank zu machen". Dass die Samojeden

---

[1] Vgl. Vos „Die Verbreitung der Anthropophagie auf dem asiatischen Festlande". Internationales Archiv für Ethnographie 1890 Bd. III. S 69—73.

Menschenfresser seien, ist eine Behauptung, die jedes Beweises entbehrt. Das Wort „*Samojede*" soll (nach Prichard) nämlich „*Selbstesser*" oder „*Menschenfresser*" bedeuten; nach Adelung aber ist es finnisch und heisst „*Sumpfbewohner*", nach Lehrberg russisch und bedeutet „*Salmenesser*". Die erste Deutung scheint entschieden falsch zu sein.[1]) Von einer Völkerschaft „50 Stunden von Calcutta in den Bergen" wird erzählt, dass sie Menschenfleisch esse, vermutlich jedoch ohne jeden stichhaltigen Grund, und auf Ceylon weisen wohl alte Volkssagen auf frühere Anthropophagie hin, jetzt ist aber dort keine Spur mehr davon vorhanden. In Cochinchina entrissen früher die Soldaten den getöteten Verbrechern kleine Stückchen Fleisch, die sie in unreife Melonen steckten und mit diesen verzehrten. Manche schnitten indessen das Stückchen so klein, dass sie es zwischen den Fingern fallen lassen konnten, und verschluckten nur die Melone. Jetzt ist der Gebrauch völlig abgekommen.[2]) Die Benuang, im Innern der Halbinsel Malakka werden noch jetzt für Kannibalen gehalten, und die wilden Moï, Stämme im Innern von Hinter-Indien, essen noch im Kriege erschlagene Feinde.[3]) Für die Annahme kannibalistischer Bräuche in China liegen verschiedene Zeugnisse vor. Tyler[4]) erzählt, dass ein englischer Kaufmann in Changhai zur Zeit des Taipingaufstandes seinen Diener das Herz eines Rebellen nach Hause tragen sah, das derselbe essen wollte, „*um seinen Mut zu stärken*". Schlegel[5]) berichtet, dass in Emoi während seines Aufenthaltes daselbst ein Strandräuber geköpft, und dass dessen Herz teuer verkauft wurde, um gegessen zu werden und dadurch sich den Mut des Hingerichteten anzueignen. Und bei S Wells-Williams[6]) lesen wir: „*It is not uncommon for the executioner* (nämlich in China) *to cut out the gall-bladder of notorious robbers and sell it, to be eaten as a specific for courage*".

Mehr Verbreitung hat die Anthropophagie noch auf den asiatischen Inseln. Auf den nördlichen Molukken sollen die Eingeborenen, die Alfurus, zuweilen das Fleisch der erschlagenen Feinde geniessen.[7]) Auf den Philippinen, wo die sogenannte „Kopfschnellerei" noch in Blüte steht, schlürfen die Bewohner das

---
[1]) Vgl. hierzu Vos a. a. O. S. 71 und 72.
[2]) H. Schurtz a. a. O. S. 300.
[3]) Vgl. Bulletin de la Société de Géographie. Paris 1883. S. 497.
[4]) Urgeschichte der Menschheit. Deut. von H. Müller. Leipzig 1866. S. 167.
[5]) Internationales Archiv für Ethnographie 1890, Band 3. S. 123.
[6]) Middle Kingdome New-York 1861. Vol. I. S. 415.
[7]) Vgl. Kögel im Ausland 1856, No. 31.

Gehirn der abgeschlagenen Schädel aus. Auf Timor-Laut, einer der Banda-Inseln, werden Bündnisse besiegelt durch das Verzehren eines Sklaven, und das Fleisch von im Kampfe Getöteten wird getrocknet und genossen. Was die grossen Sunda-Inseln anlangt, so herrscht Menschenfresserei ohne Zweifel nur noch auf Sumatra und auch auf Borneo. Von den Dajaken Borneos, welche auch eifrige Kopfjäger sind, wird berichtet, dass sie gleich den Ifugao der Philippinen, das Gehirn der abgeschlagenen Köpfe essen.[1]) Am meisten ist die Menschenfresserei noch bei den Batta auf Sumatra verbreitet, und zwar üben diese jetzt das scheussliche Laster hauptsächlich, wie es scheint, aus Leckerei; früher thaten sie es aus Rachsucht oder um eine fromme Sitte zu vollbringen. Auch bildete und bildet noch die Menschenfresserei bei den Batta einen integrierenden Teil der Gesetzgebung, indem Verbrecher und Gefangene, teilweise bei lebendigem Leibe, zerrissen und gefressen werden. Zur Erläuterung der Angabe, dass die Batta mit dem Genuss von Menschenfleisch früher eine fromme Sitte vollbrachten und vielleicht noch hin und wieder vollbringen, diene Folgendes: „Schwache und der Welt überdrüssige Leute laden ihre eigenen Kinder ein, sie zu essen. Eine solche Person besteigt zur Zeit der Citronen-Ernte einen Baum, um welchen sich Freunde und Angehörige versammeln und einen Todtengesang anstimmen des Inhalts: „Die Zeit ist gekommen, die Frucht ist reif, sie muss herab". Das Opfer steigt dann herunter, erleidet den Tod und wird bei einem feierlichen Mahle verzehrt".[2]) Auch berichtet man von Menschenopfern auf Sumatra und Borneo, auch auf Timor (Bickmore a. a. O. S. 84) und Luzon bei denen die zum Tode bestimmten, meist Verbrecher oder Kriegsgefangene, an Pfähle gebunden werden; die rasende Menge stürzt alsdann auf sie los und reisst Stücke Fleisch heraus, „um sie mit Salzwasser und Citronensaft zu essen". Diese entsetzliche Barbarei scheint jedoch jetzt fast ganz aufgehört zu haben.

Früher, wie erwähnt, während des ganzen Mittelalters, aber auch noch in den ersten Jahrhunderten der neuen Zeit, war die Menschenfresserei auf allen diesen Inseln noch weit mehr verbreitet,

---

[1]) Vgl. auch Bock, Unter den Kannibalen Borneos. Jena 1882. S. 150, 153, 240 und 250.

[2]) Vgl. hierzu Marco Polos oben mitgeteilten Bericht. Ueber die Anthropophagie der Batta vgl. auch Bickmore, Reisen im ostindischen Archipel in den Jahren 1865—1866. Deutsch von Martin. Jena 1869. S. 322 ff. S. 335 ff.

auch auf Celebes; Bickmore[1]) erzählt, dass im Innern von Celebes noch ein Volk wohne, das Menschen fresse und Wallace[2]) sagt (a. a. O. I. S. 345): „*Die Einwohner der Minahassa* (des nordöstlichsten Teiles von Celebes) *waren Kopfjäger wie die Dajaken auf Borneo und sollen sogar manchmal Menschenfresser gewesen sein*".
Wir müssen annehmen, dass mit dem Vordringen des Mohamedanismus die Anthropophagie hier zum grossen Teil ausgerottet worden ist; auch das Christentum, das auf den genannten Inseln schon Boden gewonnen hat, hat an der Beseitigung der kannibalistischen Gewohnheiten auf vielen dieser Inseln mitgewirkt. Auf dem festländischen Asien scheint, ebensowenig wie bezüglich Europas, kaum noch von Menschenfresserei gesprochen werden zu können.[3]) „Die schon im fernsten Altertume zu hoher Entwicklung gekommene Kultur hat hier schon früher zur Abschaffung so roher Gebräuche geführt". Die alten Perser schon haben bei den asiatischen Völkern vielfach grausame Sitten abgeschafft, wie es später die Römer bei den europäischen Völkern thaten. „Hat doch die Lehre des Zoroaster auch auf die Religion der Hebräer mit ihrem blutigen Gottesdienste während der babylonischen Gefangenschaft ihren heilsamen Einfluss geübt". Die trotzdem aber, wie wir im zweiten Abschnitt gesehen haben, bis zum Ausgang des Mittelalters hier noch weitverbreitete Anthropophagie ist dann in der neueren Zeit so gut wie gänzlich verschwunden.

Zweites Kapitel.

Was nun Amerika anlangt, zu dessen Betrachtung wir uns jetzt wenden wollen, so sind hier die anthropophagen Bräuche, wenn auch im schnellen Schwinden begriffen, doch noch nicht ganz ausgestorben bei den Eingeborenen.

Wenn Andree die Eskimo von jeglichem Kannibalismus freispricht, so ist dies entschieden falsch. Allerdings scheint heute

---

[1]) A. a. O. S. 70: „*Im Innern von Celebes lebt ein Volk, dass die Küstenstämme Turaju nennen. Sie werden als Kopfjäger und sogar als Menschenfresser geschildert*". Und auf S. 79 heisst es von der Insel Floris (südlich von Celebes): „*Auf der Südküste giebt es einen Stamm, namens Rakka, der aus der ärgsten Art Menschenfresser bestehen soll, indem sie nicht nur ihre Feinde, sondern auch die Leichen ihrer verstorbenen Verwandten verschlingen*".

[2]) Der malayische Archipel. Deutsch von Meyer. Braunschweig 1869. 2 B.

[3]) Vgl. hierzu das Referat von Supan in Petermann's Mitteilungen 1891. 1. S. 10 über Vos' schon genannte Abhandlung.

keine Spur von Anthropophagie mehr bei ihnen vorhanden zu sein, aber dieselbe war früher jedenfalls, wenn auch in gewissen engen Grenzen, üblich. Wenn Andree meint, es mag bei den Eskimo gelegentlich aus Hunger Anthropophagie vorkommen, so ist dies nicht richtig: Egede berichtet,[1]) dass in solchen Fällen die Grönländer ihre Hunde schlachten, *„die ihnen doch gerade so unentbehrlich sind, wie uns unsere Pferde, nicht zu erwähnen, dass sie sonst nie Hundefleisch essen"*. Dagegen lässt sich Kannibalismus bei den Eskimo im Anschluss an abergläubische Bräuche mit Bestimmtheit nachweisen. Egede erzählt (a. a. O. S. 138 und 144), dass die Illisenthok (Hexen) getötet und zerstückelt werden, *„und jeder frisst ein Stück vom Herzen, damit sie nicht spuken und sie erschrecken"*. Auch Rachsucht — in Verbindung mit Aberglauben — kommt als Motiv des Menschenfressens vor. Cranz[2]) teilt mit, dass die Eskimo (in Grönland) den Meuchelmörder steinigen oder erstechen und Stücke von seiner Leber und seinem Herzen verschlucken, *„damit dessen Anverwandte dadurch das Herz verlieren, sie anzugreifen"*. Die Berichte von an der Ostseite Grönlands wohnenden Kannibalen hält Cranz für unrichtig (S. 343 und 347 des I. Bandes), er meint, es seien vielleicht die Nachkommen der alten Normanen, welche sich in die Berge an der Ostküste Grönlands zurückgezogen haben und von dort aus Raubzüge unternehmen und aus übertriebener Furcht von den Eskimo Menschenfresser genannt werden. Jedenfalls hat man auf den neuesten Entdeckungsfahrten nach Grönland keine Spur von solchen Kannibalenstämmen gefunden. Dass bei den Eskimo auch Sagen von Menschenfressern kursieren, dafür giebt uns Boas (The Central Eskimo S. 633—634) ein Beispiel; wir können hieraus dieselben Schlüsse ziehen, wie wir sie gezogen haben hinsichtlich der alten Griechen und Germanen aus deren Sagen und Märchen von Menschenfressern u. dgl.

Unter den Indianern Nord-Amerikas ist früher jedenfalls die Anthropophagie viel weiter verbreitet gewesen als jetzt.[3]) Ganz allgemein gebräuchlich war es z. B. in älterer Zeit bei den nordamerikanischen Wilden, die Kinder vom Fleische der Gefangenen kosten zu lassen, um Krieger aus ihnen zu bilden.[4]) Sie war schon

---

[1]) H. Egede Saabye, Bruchstücke eines Tagebuches. Aus dem Dänischen übersetzt von Fries. Hamburg 1817, S. 107.
[2]) Historie von Grönland. Barby 1770. I. S. 249.
[3]) Vgl. Waitz „Anthropologie der Naturvölker" III. Leipzig 1862. S. 159.
[4]) Zimmermann Taschenbuch der Reisen. II. Jahrgang 1803. S. 30 und VII. Jahrgang S. 72.

im Abnehmen begriffen zur Zeit der Entdeckung. Ratzel[1]) sagt: *„Bei diesen Völkern sind noch Menschenopfer und selbst Menschenfresserei unzweifelhaft nachgewiesen, aber nirgends als ein alltägliches Thun".* Religiöse Motive, Rachsucht und Kriegswut begründen hier die scheussliche Unsitte. Im nördlichsten Teile Nord-Amerikas scheint auch Hungersnot Kannibalismus hervorgerufen zu haben, ja, wohl noch hin und wieder herbeizuführen, obwohl auch bei diesen nördlichsten Stämmen, wie z. B. bei den Chippeways, Rachsucht und Kriegswut mit geltend gemacht werden müssen.

C. Franklin berichtet, dass die Indianer des nördlichen Amerika die Leichname ihrer nächsten Verwandten essen,[2]) und Ellis, dass die Anwohner der Hudsonsbay durch Hunger zum Kannibalismus getrieben wurden. Die Indianer Kanadas, namentlich die Huronen, verzehrten noch zuweilen einen Gefangenen, den sie unter grässlichen Martern getötet hatten, zur Zeit, als die ersten Franzosen in die Urwälder am Lorenzostrom eindrangen; *„aber viele nahmen nur mit Abscheu und Widerwillen an dem Mahle teil".*[3]) Sicher nachgewiesen ist die Anthropophagie der Irokesen, die ihre Gefangenen verzehrten, der Ottowas, die das Blut der hingerichteten Feinde tranken, ferner der Miamis, unter denen ein Ausschuss von sieben Kriegern bestand, welche die Menschenfresserei *„öffentlichen Vorschriften zufolge"* zu vollziehen hatten und zu ihrem *„letzten"* Kannibalenfeste einen Bewohner von Kentucky schlachteten. Auch der Stamm der Tonkways, an der Grenze von Texas, war unzweifelhaft ein Kannibalenstamm; derselbe schlug im Jahre 1851 die Kitschies: *„Der Häuptling derselben wurde gebraten und bei einem Festmahle verzehrt".*[4]) Bei anderen Indianerstämmen ist der Kannibalismus nicht mit Sicherheit zu erweisen. Jedoch muss noch darauf hingewiesen werden, dass derselbe auch bei den kalifornischen Indianern bekannt gewesen ist; dafür sprechen u. a. auch ihre Sagen von Menschenfressern. Mit besonderen Satzungen z. B. Rechtssatzungen der Art, dass Kriegsgefangene wie erschlagene Feinde und zum Tode verurteilte Verbrecher aufgezehrt werden mussten, verknüpft man die Menschenfresserei — und zwar bis in

---

[1]) Völkerkunde II. Leipzig 1886. S. 698.
[2]) Vgl. auch Ausland 1883. No. 33, S. 659: „Kannibalische Indianer", wonach ein Häuptling am White-River seine Gattin und sechs Kinder aufgegessen haben soll.
[3]) Vgl. H. Schurtz a. a. O. S. 300.
[4]) Vgl. Ausland 1851, No. 159

die neueste Zeit hinein -- bei den Bewohnern der Vancouver-Insel. Allerdings war hier die Anthropophagie das Vorrecht einer besonderen Kaste, der Hametzen, d. h. Kannibalen. Noch jetzt besteht der Orden der Hametzen; „beim Eintritt in denselben begnügt man sich aber jetzt damit, einem Lebenden etwas Blut auszusaugen und nachmals bei geheim gehaltenen Zeremonien innerhalb ihres Kreises einige Bissen mumisierten Leichenfleisches zu essen". Auch bei den Tschimsian, auf dem Festlande Vancouver gegenüber, ist das Leichenfressen sicher gestellt. Von den Haidah auf den Königin-Charlotten-Inseln wird erzählt, dass der aus dem Walde zurückkehrende Häuptling-Zauberer dem ersten Begegnenden ein Stück Fleisch herausschneidet und isst.

Im alten Mexiko, zur Zeit der Azteken, herrschten Menschenopfer in fürchterlicher Ausdehnung und in Verbindung damit Anthropophagie. „Der rotgekleidete Priester fing das Blut der Geschlachteten auf, mischte es mit Mehl und gab es den Gläubigen zu kosten". Erst später soll man sich daran gewöhnt haben, auch die Glieder der Opfer zu verzehren: Arme und Beine wurden gegessen, das Uebrige ward den Tieren vorgeworfen.[1]) Aehnliche Bräuche waren auch herrschend in Central-Amerika und bei den Mayas auf der Halbinsel Yukatan.[2]) Die Cariben, die Bewohner der Antillen zur Zeit der Entdeckung, vom südamerikanischen Festlande gekommen, waren auch Kannibalen: „sie sollen es sogar soweit gebracht haben, dass sie Knaben raubten und entmannten, um sie wie Kapaunen fett zu füttern". Auch bei Sebastian Münster (a. a. O. S. MclXXXvi) lesen wir: „*Als Columbus auf dieser Insel* (nämlich Guanahani) *mit seinen Gefährten war, klagten die Einwohner über etliche Völker, die sie Kannibalen nennen, dass sie aus ihrem Lande nach anderen Inseln schifften und die Leute fingen und totschlügen, um sie zu fressen, und sie gingen nicht anders mit diesen um, wie Tiger und Löwen mit einem zahmen Tier. Die Knaben kastrierten sie und mästeten dieselben alsdann, bis sie feist würden, wie man mit Kapaunen verfährt. Die Betagten schlachteten sie, weideten sie aus, würfen das Gedärm hinweg und ässen die anderen inneren Glieder, desgleichen die äusseren, wie Hände und Füsse; das Uebrige salzten sie ein und behielten es*".

Die Indianer Süd-Amerikas waren und sind noch zum Teil Anthropophagen. Die Indianer am Putomayo, auf columbischem

---

[1]) Vgl. auch Waitz a. a. O. IV. Leipzig 1864. S. 155 ff.
[2]) Vgl. Waitz a. a. O. III. S. 309 und 310.

Gebiete, verzehrten, wie amtlich festgestellt ist, noch 1883 einen jungen Columbianer, namens Portès, den sie erschlagen hatten. Von den Arowaken am Essequibo, die auch das Fleisch ihrer Feinde essen, erzählt der Missionar Quandt, dass sie es nur mit Widerwillen thun. Alexander von Humboldt fand noch am Cassiquiare den Gebrauch, Menschenfleisch zu essen. Dobritzhoffer behauptet, dass alle Indianer Brasiliens und Paraguays vor ihrer Bekehrung zum Christenthum Menschenfresser waren. Von Menschenfresserei bei den Brasilianern berichtet bereits Sebastian Münster (a. a. O. S. Mchij); bei einigen Völkerschaften habe man, wird erzählt, den Kindern das Gesicht und vor allem den Mund mit dem Blute der geschlachteten feindlichen Gefangenen eingerieben, um sie dadurch tapfer zu machen. Wilhelm Piso, der im Jahre 1637 mit G. Marcgrav nach Brasilien ging, erzählt, *„dass die brasilianischen Völker ihre eigenen, gestorbenen Kinder aufässen und von den lebenden die Nabelschnur".* R. A. Lallemand versichert,[1]) dass in Brasilien am Rio Negro noch Kannibalen wohnen, die ihre Feinde braten und verzehren. Auch im Ausland 1864 No. 35 finden wir die Bestätigung dafür, dass die Brasilianer noch Menschenfresser sind. Als Grund wird angegeben *„Mangel an Fleischnahrung".* Es fehle an leicht zu erjagenden Tieren; denn das Pekari sei sehr scheu und der Tapir flüchte ins Wasser. Auch von den Araras am Rio de Madeira, einem Nebenflusse des Amazonenstromes, ist noch vor wenigen Jahren Menschenfresserei in Rio de Janeiro amtlich gemeldet worden. Dieselbe herrschte auch bei den Puris bis in den Anfang unseres Jahrhunderts hinein. Unzweifelhaft sind die Botokuden Menschenfresser bis auf den heutigen Tag und zwar nicht aus Rache oder aus Hunger; ein Botokude sagte: *„Wir essen Affen, warum nicht Menschen, wenn sie tot sind!"* „Die Karios-Indianer am Paraguay pflegten im 16. Jahrhundert Kriegsgefangene, Männer und Weiber, zu mästen, ehe sie dieselben verzehrten". Die Tupis, zu beiden Seiten des Uruguay, waren zur Zeit der Entdeckung auch arge Menschenfresser und zwar aus Kriegswut.[2]) Wie in Mexiko, so war auch in Peru mit den Menschenopfern Menschenfresserei verbunden, allerdings war dieselbe schon bei Ankunft der Europäer nur noch in geringem Grade vorhanden.

---

[1]) Ausland 1860, No. 49.
[2]) Vgl. auch Waitz a. a. O. III. S. 421.

Bei den Feuerländern ist die Wahrscheinlichkeit des Menschenfressens eine grosse wegen des Mangels an Nahrung, namentlich an Fleischnahrung. Einem Gewährsmann Darwins hat ein eingeborener Knabe erzählt, dass in Zeiten der Not die alten Weiber gefressen würden. Man erstickt dieselben, indem man sie über Rauch hält. Auf die Frage, warum man nicht statt der alten Weiber die Hunde schlachte, sagte der Knabe: *„Hunde fangen Ottern, alte Weiber nicht!"* Aehnliche Aussagen liegen vor seitens des Feuerländers Yemmy, den Fitzroy nach England brachte. Aber es steht auch andererseits fest, dass Greise und Greisinnen unter den Feuerländern leben und gut behandelt werden; so dass man wohl kaum hier von gewohnheitsmässiger Menschenfresserei sprechen kann.

Drittes Kapitel.

Ist auch, wie wir sahen, in Amerika die Anthropophagie in stetiger Abnahme begriffen, so kommen wir, wenn wir uns nunmehr der Betrachtung Australiens und der Inselwelt der Südsee zuwenden, auf den „klassischen Boden des Kannibalismus", wo derselbe noch heute floriert, wenn auch bei weitem nicht mehr in der früheren Ausdehnung.

Der australische Continent zählt heut noch ca. 50000 eingeborene Schwarze, und diese sind bis auf den heutigen Tag zum grossen Teil, d. h. wo sie sich dem Einfluss der Weissen entziehen, Menschenfresser.[1]) Namentlich ist bei ihnen der Kindermord, einst bei allen Australiern Sitte, verbreitet und damit Anthropophagie. Diese Unsitte verhindert mit das stärkere Wachstum der australischen Stämme. „Zwillings-, ja Drillingsgeburten sind häufig; aber nur einem der Kinder wurde und wird das Leben geschenkt, und auch diesem nur, wenn seine älteren Geschwister fähig sind, der Mutter auf ihren Zügen ohne Hilfe zu folgen". Die Frage über Leben und Tod entscheidet bald der Vater, bald die Mutter, „die sich sehr häufig mit Nachbarinnen und Kindern aus dem oft mit unnützer Grausamkeit Gemordeten ein entsetzliches Mahl be-

---

[1]) Vgl. Waitz a. a. O. VI. Leipzig 1872. S. 747 ff.

reitet". Aberglauben scheint dabei eine grosse Rolle zu spielen.¹) Häufig ist Krieg eine Veranlassung zum Kannibalismus: man geniesst Herz- und Nierenfett der Getöteten, um sich deren Mut anzueignen, im Norden werden Augen und Wangenfleisch der Getöteten gegessen, um tapfer zu werden. Nach Eyre geben die Zauberer vor, Menschenfleisch essen zu müssen, um übernatürliche Kräfte sich zu bewahren. Auch die Leichenfresserei ist sehr verbreitet. In Queensland finden sogenannte Liebesschmäuse statt: stirbt eine junge Frau oder ein junges Mädchen, so verzehren die Männer, die sie lieb gehabt haben, gewisse Teile des Körpers, wobei sie sich weiss anmalen. Auch in Central-Australien werden die Leichname gegessen, „damit nicht weiter um sie getrauert werde". Väter aber dürfen nicht ihre Kinder essen, wohl aber die Mütter, Söhne nicht ihre Eltern. Stirbt ein Kind, so isst die Mutter den Kopf, die anderen Kinder im Lager das Uebrige, „damit sie schnell wachsen". Stirbt ein Erwachsener, so werden die Teile gegessen, „wo die hervorragendsten Eigenschaften gesucht werden". Als Grund ihres Hasses gegen ihre Nachbarn, die Merkani, geben die Narrinyeri an, „dass jene fette Leute stehlen, um sie zu verzehren". G. Taplin²) erzählt: *„Ein Mann, der eine fette Frau hatte, liess diese nicht gern allein".* Jetzt hat hier die Menschenfresserei jedoch fast vollständig aufgehört. Dass Mangel an Nahrung die Anthropophagie der Australier herbeiführe, das kann nur für gewisse Bezirke im Innern und vielleicht an der Westküste³) zugegeben werden, im Osten scheint wenigstens Pflanzennahrung genügend vorhanden zu sein, wenn auch der Wildbestand minimal ist. Greffrath berichtet von Kannibalismus in Queensland als Folge von Fleischmangel *„ohne dass doch aber irgend welcher Notstand dabei obwaltet"*, denn dort wächst der Bunya-Bunya-Baum, dessen Früchte sehr mehlig und nahrhaft sind. Allerdings ist sein Vorkommen auf ein nicht allzu grosses Terrain beschränkt, und er trägt nur alle drei Jahre „reiche" Frucht, dann aber so viel, dass fremde Stämme zur Ernte eingeladen werden. *„Diese Zugereisten*

---

¹) Vgl. über den Kindermord australischer Stämme: „The native tribes of South-Australia". Adelaide 1879 S. 258 nach S. Gason bei den Dieyerie, S. 162 und 186 nach Meyer bei den Adelaide and Encounter Bay „tribes" und S. 13 ff. nach G. Taplin bei den Narrinyeri am untern Murray.

²) „The Narrinyeri" in dem genannten grösseren Werke S. 2.

³) Vgl. über den Kannibalismus der West-Australier: Petermann's Mittheilungen 1870 S. 147—148.

werden aber schliesslich von unwiderstehlichem Drange nach Fleischnahrung befallen", und da sie nicht auf dem Gebiete ihrer Gastfreunde jagen dürfen, ohne einen Krieg heraufzubeschwören, so ersehen sie aus ihrer Mitte einen zum Schlachtopfer aus und *"stillen mit dessen Fleisch ihre Begierde"*. Nach A. Lortzsch[1]) betreiben die Australier ihre Kannibalen-Mahlzeiten, wie ich noch erwähnen will, sehr geheim.[2]) Für den Kannibalismus auf Tasmanien sind bisher keine Beweise erbracht worden.

„In der Südsee, von Neu-Guinea bis zur Oster-Insel, waren oder sind noch deren Bewohner Anthropophagen, weder Polynesier noch Melanesier machen eine Ausnahme". Die Motive waren und sind meist „Religion und Krieg". Unter den Papua von Neu-Guinea herrscht, wie auf allen Inseln des melanesischen Archipels,[3]) die Menschenfresserei in ganz besonders hohem Grade, und diese Sitte scheint hier überall anfänglich mit religiös-politischen Anschauungen in Verbindung gestanden zu haben; jetzt ist es hauptsächlich „Lüsternheit", nicht Hunger, welche die Melanesier zu Kannibalen macht. „Denn obwohl die Natur nicht überall reichliche Vorräte liefert, so ist die Not doch nie so arg, dass sie zu diesem entsetzlichen Mittel greifen müssen, den Hunger zu befriedigen". Landbau wird fast überall getrieben; dagegen fehlt es hier und da an Fleischnahrung. Die Hauptnahrung der Bewohner von Neu-Guinea ist Pflanzenkost. Sie sind jedoch fast überall noch Kannibalen. Auch die Kopfjägerei blüht hier wie auf Borneo und anderen Inseln des malayischen Archipels. An der Ostküste der Geelrinkbay verzehren die Tarungares ihre eigenen Toten. Nach H. Zöller[4]) wurde von den Fidschi-Lehrern des Christentums in Britisch--Neu-Guinea in den 20 Jahren von 1871 bis 1891 eine nicht ganz geringe Anzahl von den Eingeborenen erschlagen und verspeist. Die Anwohner von Milue-Bay, südlich vom Ostkap, sind erwiesenermassen Kannibalen, auch an der Bentley-Bay, nördlich vom Ostkap, hat man Spuren von Menschenfresserei entdeckt. „Die ganze braune Einwohnerschaft der

---

[1]) Ausland 1866, No. 30.
[2]) Das ist oft ein Vorzeichen für das baldige Verschwinden der Anthropophagie, nämlich dann, wenn die Geheimhaltung der Kannibalen-Schmäuse aus Schamgefühl geschieht; anders liegt die Sache natürlich, wenn die Geheimhaltung die Folge religiöser Satzungen oder dgl. m. ist.
[3]) Vgl. Waitz a. a. O. VI. S. 647 ff.
[4]) Deutsch-Neu-Guinea 1891 S. 273.

d'Entrecasteaux-Inseln, der Ostspitze Neu-Guineas, des Moresby-Archipels bis hinunter auf die Louisiaden sind alle Menschenfresser".[1]) Die Teiti-Insulaner, nach Moresbys Zeugniss noch 1872 Kannibalen, sind jetzt nicht mehr der Anthropophagie ergeben. Auch in Deutsch-Neu-Guinea sind so gut wie keine Spuren mehr von Anthropophagie zu finden, nach den übereinstimmenden Berichten von Zöller und Finsch[2]).

Auf den meist ganz kleinen Inseln in der Torres-Strasse zwischen Neu-Guinea und Kap-York herrschte und herrscht vielleicht noch folgender entsetzlicher Kannibalen-Brauch: „Um sich oder anderen Tapferkeit einzuflössen, verschlingt man die Zunge oder sonst einen Körperteil des im Kampfe erlegten Gegners roh oder teilweise gekocht". Von der Insel Nagir wird Nachstehendes berichtet: „Um den Knaben Kriegergeist einzuflössen, lässt man sie niedersitzen und die Augen schliessen, darauf stopft ein Krieger jedem Knaben, indem er hinter ihn tritt und dessen Kopf zwischen seine Beine klemmt, ein Gemisch von Urin mit der zerstückelten Zunge und dem zerstückelten Auge eines toten Mannes (wahrscheinlich eines erschlagenen Feindes) in den Mund, hinzufügend: „Ich gebe euch ein absonderlich Kaikai (Speise)". „Fortan", sagt man, „fühlt das Herz des Knaben keine Furcht mehr".[3])

Die Neu-Britannier schildert Jung[4]) auch als arge Kannibalen. Sie zerteilen und kochen ihre eigenen. verstorbenen Angehörigen. Auf Neu-Irland fanden Brown und Cockerell 35 menschliche Unterkiefer in einem Hause; 76 Einschnitte an einem Balken vor dem Hause deuteten auf eben so viele gefressene Menschen. Geräucherte Menschenhände und andere Körperteile fanden sich in demselben Hause.

Diese Inseln nebst Neu-Hannover, den Admiralitäts-Inseln, den französischen Inseln, den Mathias-Inseln und einer grossen Anzahl kleiner, zwischen und an den grösseren liegenden Inseln, bilden den sogenannten Bismarck-Archipel, über welchen wir in neuester Zeit verschiedene interessante Mittheilungen erhalten haben, und es ist ganz sicher gestellt, dass hier noch immer „der

---

[1]) Vgl. Finsch „Samoafahrten" Leipzig 1888 S. 226, 233, 273.
[2]) Zöller a. a. O. S. 278 und Finsch a. a. O. S. 131.
[3]) Vgl. Petermanns Mitteilungen 1891. VI. S. 96. Referat von Kirchhoff über Hadden „Ethnography of the western tribes of Torres Straits" im Journ. Anthropol. Inst. 1890, Band XIX. S. 297—440.
[4]) Australien. Im Wissen der Gegenwart II. S. 291.

Menschenfrass blüht", wenn auch wohl der Hauptsache nach auf im Kampfe gefallene Feinde beschränkt.[1]) Die neupommerschen (Neu-Pommern ist der neue Name für Neu-Britannien) Begleiter Zöllers auf seiner Finisterre-Expedition in Deutsch-Neu-Guinea hatten sämmtlich kannibalische Jugenderinnerungen (a. a. O. S. 80). Finsch (a. a. O. S. 24) sagt: „*Die Eingeborenen im Bismarck-Archipel sind noch heute Kannibalen, wie ich noch 1881 mit eigenen Augen sah*". Am 7. März 1881 nämlich hatte Finsch Gelegenheit, auf der Insel Matupi, etwas nördlich von Neu-Britannien (oder Neu-Pommern), dem Schlachten und Verzehren eines Menschen zuzusehen.[2]) Die Neu-Britannier sind nach ihm Menschenfresser aus Genusssucht, „sonst liegen keine Gründe für diese abscheuliche Sitte vor, weder politische noch religiöse, am wenigsten Nahrungssorgen."[3]) Bei den Bewohnern der Salomonen ist ein Hauptobject der oft in grosse Ferne ausgedehnten Kriegszüge die Erbeutung von Menschenleichen, „welche diese leidenschaftlichen Anthropophagen aus reiner Genusssucht verzehren". Das Absingen heiliger Lieder bei solchen Kannibalenfesten deutet aber auch auf religiöse, dabei eine Rolle spielende Vorstellungen hin. Da Nahrung in Fülle vorhanden ist, kann Not nicht das Motiv der Anthropophagie sein Dagegen spricht auch folgender Bericht: Im Jahre 1845 wurde Missionaren von den Eingeborenen ein Kind zum Verkauf angeboten, mit dem Bemerken, „dass es gut zu essen sei". Die Salomonier waren übrigens schon vor 300 Jahren nach den wieder aufgefundenen Berichten des Lootsen Gallego und des Zahlmeisters Catoira als Menschenfresser bekannt. Zöller berichtet,[4]) dass auf den deutschen Salomon-Inseln Buka und Bougainville noch Menschenfresserei vorkomme, aber „wenn man den Versicherungen der Eingeborenen glauben darf", seltener zu werden scheine, und auf den kleinen Inseln der Bougainville-Strasse, Fauro, Shortland und anderen, hat vielleicht der Kannibalismus schon aufgehört. Die Bewohner von Nissan, nördlich von den Salomon-Inseln, huldigen ebenfalls noch der

---

[1]) Vgl. Zöller a. a. O. S. 279.
[2]) Vgl. Menschenfresser in Neu-Britannien. Nach eigener Anschauung in Wort und Bild geschildert von Dr. O. Finsch. Leipziger Illustr. Zeitung 1883, No. 2107, S. 445, Bild S. 450.
[3]) Vgl. auch Lüders „Der Bismarck-Archipel und seine Bewohner". Weimar 1891. Geogr. Univers. Bibliothek, Band 25, S. 14, 15, 16, 21, 28.
[4]) a. a. O. S. 329 und 330 und Petermanns Mittheilungen 1891 I. S. 8—12.

Anthropophagie.¹) Keine Spur von Kannibalismus hat man bisher auf der Santa-Cruz-Gruppe entdeckt.²) Um so mehr ist derselbe wieder auf den Neuen Hebriden verbreitet. Der erschlagene Feind wird gegessen; den an das Land verschlagenen Fremdling trifft dasselbe Schicksal. Auch eigene Stammesangehörige werden verzehrt. Dass die Bewohner der Inseln Tanna und Mallikollo, welche beide zu den Neuen-Hebriden gehören, Menschenfresser sind, berichtet bereits G. Forster.³) Als der Missionar Turner einem Eingeborenen wegen der bei seinem Stamme verbreiteten Menschenfresserei Vorstellungen machte, erhielt er die Antwort: „*Schweinefleisch ist gut für Sie; das passt aber für uns*". Sonst ist die Nahrung überwiegend vegetabilisch: der Landbau steht in verhältnismässiger Blüte. Auch die See liefert reiche Ausbeute an Nahrung.

Die Neu-Kaledonier sind ebenfalls Kannibalen: man verzehrte ursprünglich nur die im Kampfe Gefallenen, später aber wurden auch vielfach Europäer, ja eigene Stammesmitglieder geschlachtet und gegessen. Hier liefern oft die Pflanzungen kaum die nötigsten Lebensmittel, und da die Tierwelt auch nicht reiche Ausbeute an Nahrung gewährt, so geniesst man sogar Ungeziefer aller Art. Der Hunger scheint also hier das Motiv des Kannibalismus zu sein. Auf den Fidschi-Inseln herrschte Kannibalismus bis in die neueste Zeit, und zwar wurden dort nicht nur Kriegsgefangene gegessen, sondern bestimmte Stämme mussten alljährlich Menschen zum Essen stellen. Jedenfalls lag dem ein Racheakt zu Grunde. Auf Viti-Levu, der Hauptinsel der Fidschi-Gruppe, hatte der Kannibalismus einen Grad erreicht, wie wohl sonst nirgends auf der Erde. „Weit von einander entfernte Häuptlinge beschenkten sich mit den Körpern getöteter Feinde — als Leckerbissen". „So zart wie Menschenfleisch", war eine sprichwörtliche Redensart, um etwas als wohlschmeckend zu bezeichnen. Die Opfer wurden gekocht in besonderen Öfen, in welche man dieselben — oft genug lebendig — in hockender Stellung hineinschob. Zum Essen des Menschenfleisches bediente man sich hölzerner Gabeln, während man sonst mit den Fingern ass. Um das Menschenfleisch „leichter verdaulich" zu machen, ass man dazu die Blätter gewisser Pflanzen,

---

¹) Vgl. Petermanns Mitteil. 1891. VI. S. 96: Referat von Supan über Schmiele „Die Insel Nissam". Mitt. aus den deut. Schutzgeb. 1891. Bd. IV. S. 100—109.
²) Vgl. dagegen Peschel, Völkerkunde. Leipzig 1885. S. 358.
³) Reise um die Welt. Berlin 1783. S. 312—313.

des Solanum anthropophagorum, des Omalanthus pedivellatus und des Trophis anthropophagorum, und zwar gekocht. Im übrigen war die Speise überwiegend vegetabilisch. Als Motive der Menschenfresserei werden angegeben: Rachsucht (so frass ein Viti-Häuptling seine Frau, bloss weil sie ihn geärgert hatte), religiöse Bräuche und Mangel an grossen Säugetieren. Jetzt ist jedoch auch hier, selbst im Innern, die Anthropophagie wohl gänzlich verschwunden.[1]) Auch auf Vanna-Lewu, der zweitgrössten Insel in der Gruppe der Fidschi-Inseln, herrschte nach Greffrath[2]) Kannibalismus bis etwa vor 25 Jahren. Der im Jahre 1883 verstorbene König Cakoban, welcher im Jahre 1874 die ganze Inselgruppe an England abtrat, war in seinen früheren Jahren der enragierteste Kannibale. Nach Greffrath führte Übervölkerung hier zum Auftreten der Anthropophagie; die Sage aber schiebt das Aufkommen dieser Unsitte auf einen überaus grausamen König, Tui Dreketi. Als dieser nämlich im Kampfe gefallen war, wollte man ihn nicht begraben, damit er nicht wieder auferstehe, wie ein andrer vor ihm, namens Tui, der auch sehr grausam gewesen war: daher ward er gefressen; und seitdem herrschte die Sitte, die im Kampfe Gefallenen zu verspeisen.

Wie unter den Melanesiern, so begegnen wir auch unter den Polynesiern vielen Spuren der Anthropophagie.[3]) Georg Forster weist wiederholt darauf hin, dass dieselben zum Teil Menschenfresser seien und ihre Gefangenen verzehren und zwar aus Rachgier (a. a. O. S. 213 und 285); ja, er ist der Ansicht, dass sie alle früher Anthropophagen gewesen seien (a. a. O. S. 290) und zwar nicht aus Not; denn die von ihnen bewohnten Inseln bieten Nahrung, Pflanzen- und Tierkost, die Hülle und Fülle. Er meint (a a. O. S. 291), dass die Erziehung der Kinder, namentlich der Knaben, dieselben unbändig und zügellos mache, so dass sie, erwachsen, allen ihren Begierden schrankenlos den Zügel schiessen lassen: masslose Leidenschaftlichkeit, Jähzorn, Rach- und Mordlust sind „*die Folgen einer allzu freien Erziehung*"; darf doch die Mutter ihr Kind nie züchtigen, so boshaft und unlenksam es auch sein möge.

---

[1]) Vgl. auch Peterm. Mitt. 1869. S. 67: Dr. E. Graefes Reise im Innern von Vitu-Levu.
[2]) Vgl. Ausland 1891. S. 339.
[3]) Vgl. Waitz a. a. O. VI. S. 157 ff.

Gehen wir die einzelnen Inselgruppen durch, so finden wir zunächst sichere Angaben darüber, dass auf den hawaischen Inseln früher mit den Menschenopfern Kannibalismus verbunden war, also aus religiösen Gründen getrieben wurde. Zu Cooks Zeit war derselbe hier im Abnehmen, bei Joh. R. Forster finden wir eine Notiz[1]), dahingehend, dass die Bewohner von O-whai-hi, nachdem sie Cook und noch viele mit ihm erschlagen (im Kampfe), sich daran gemacht hätten, die Getöteten zu verzehren. Chamisso sagt (a. a. O. S. 464) hinsichtlich dieser Inselgruppe daher nicht ganz richtig: „*Die Sitte übrigens, Menschenfleisch zu essen, hatte lange vor Cooks Tode aufgehört. Die letzten geschichtlichen Spuren lassen sich auf der Insel O-Wahu nachweisen*". — Dass auf Tahiti früher Menschenfresserei getrieben wurde, und dass das Auge, des erschlagenen Feindes etwa, als Leckerbissen der König bekam, ist gefolgert worden aus dem Namen „Aimata" = ich esse das Auge, den die Königin Pomare anfänglich noch führte. — Auf den Tonga-Inseln war die Anthropophagie auch früher zu Hause und zwar aus Rache wie aus Hungersnot, doch ist dieselbe hier schon lange verschwunden; nur Flüche und Verwünschungen wie die folgenden: „Koche Deinen Gross-Vater!" — „Grabe Deinen Vater bei Mondschein aus und friss ihn auf!" scheinen auf die alte Unsitte zurückzuweisen. Auf dem Samoa-Archipel ist gelegentliche Anthropophagie aus Rache gesichert: Der gefangene Feind wurde gebraten und gefressen. — Auf den Paumotu-Inseln wurde früher Menchenfresserei aus Hungersnot getrieben; die Mangarena-Insulaner, jetzt katholische Christen, frassen früher die im Kampfe erschlagenen Feinde.

Die Markesaner sind Menschenfresser bis auf den heutigen Tag: hat ein solcher einen Feind niedergemacht, so schlägt er ihm ein Loch in den Kopf und trinkt daraus das warme Blut. Auch Augen und Herz werden verschlungen und zwar roh. Früher scheint das Menschenfressen eine religiös-symbolische Handlung gewesen zu sein, und bei grossen Festen fehlten nie Menschenopfer. „Frauen und nicht tattuierte Männer durften an solchen Mahlen nicht teilnehmen". Von den Markesanern meldet auch Ellis,[2]) dass sie zuweilen ihre eigenen Kinder schlachten und essen, aber nur bei grossem Mangel an Nahrungsmitteln. Auch

---

[1]) Tagebuch einer Entdeckungsreise etc. Berlin 1781. S. 304.
[2]) Reise durch Hawai-Hamburg 1827. S. 72.

J. von Krusenstern[1]) berichtet, dass die Männer von Nukahiva zur Zeit einer Hungersnot ihre Weiber und Kinder ihre abgelebten Eltern erschlagen, das Fleisch derselben backen und schmoren und „*mit dem grössten Wohlgefallen*" verzehren; ja, dass auch die Weiber an solchen Mahlen teilnehmen.

Furchtbar herrschte die Menschenfresserei auch früher auf Neu-Seeland; jetzt jedoch ist sie auch hier wohl für immer verschwunden.[2]) Der letzte Fall von Anthropophagie, von dem Verzehren des Leichnams eines Erschlagenen, wird 1843 berichtet. Die Hauhau-Religion belebte allerdings dann noch einmal zum Teil diese schauderhafte Sitte, indem die sich zu dieser Sekte Bekennenden das Blut ihrer Feinde trinken und ihre Augen verschlingen mussten, um die Fähigkeiten ihrer Feinde in sich aufzunehmen. Solche abergläubische Vorstellungen scheinen auch neben Befriedigung des Rachegefühls die Motive der Anthropophagie in früherer Zeit bei den Maoris gewesen zu sein; dazu gesellte sich dann später freilich blosse Leckerei. Dass religiöser Wahn mitspielte, geht daraus hervor, dass die Öfen, in denen die zum Fressen bestimmten Opfer, im Kriege erschlagene Feinde, auch Sklaven, nie die Leichen ihrer eigenen Stammesangehörigen, gebraten wurden, streng „tapu" waren und der Inhalt eines Ofens immer für die Götter bestimmt war. Wenn Hochstetter meint,[3]) die Ausrottung der hier früher einheimischen grossen Laufvögel, der Moas, habe die Menschenfresserei zur Folge gehabt, so ist dies entschieden unrichtig; denn Mangel an animalischer Nahrung trat dadurch nicht ein, sondern es herrschte Überfluss an Fischen und Geflügel, auch viele Hunde gab es, deren Braten sehr beliebt waren (vgl. G. Forster a. a. O. S. 288). Erwähnen will ich auch noch den Bericht bei Joh. R. Forster (a. a. O. S. 62—63) über den Kannibalismus der Neu-Seeländer, wo gesagt wird, dass die Krieger gewöhnlich nur Herz und Leber der erschlagenen Feinde geniessen; das Haupt bekommt der Häuptling, die übrigen Teile des Leibes werden unter das gewöhnliche Volk verteilt. — Von den Chatham-Inseln, östlich von Neu-Seeland, erfahren wir, dass die dort im Jahre 1836 von Taranaki ein-

---

[1]) Reise um die Welt I. Berlin 1811. S. 258.
[2]) Vgl. Petermr. Mitt. 1866. S. 63.
[3]) Neu-Seeland. Stuttgart 1863. S. 461 ff.

wandernden Maori die Ureinwohner, die Moiwori, einen Zweig der Maori, teils auffrassen, teils zu Sklaven machten.¹) Was endlich die Mikronesier anlangt, so ist uns Menschenfresserei nur von den Bewohnern der Palaos-Inseln überliefert, von denen G. Forster (a. a. O. S. 528) erzählt, sie seien sehr wild und grausam, gingen ganz nackt und frässen Menschen, weshalb sie von den Bewohnern der Karolinen verabscheut und *„für Teufel und Feinde unter den Menschen"* gehalten würden. Dies widerlegt jedoch Chamisso; und thatsächlich liess man oft fremde Gegenden, die man als recht entsetzlich schildern wollte, von Kannibalen bewohnt sein. In früherer Zeit hat aber jedenfalls auch unter den Mikronesiern der Kannibalismus in weiter Verbreitung geherrscht; denn er war fast überall den Eingeborenen bekannt, „wie man denn auf Batak sowohl wie auf den Karolinen sich vor den ankommenden Europäern als vor Menschenfressern fürchtete". Auch bestand allgemein der Brauch, das noch blutige Fleisch der gefallenen Häuptlinge zu kosten beim Friedenschlusse, und die Marschall-Insulaner hatten die Sitte, sich den Namen der von ihnen in der Schlacht Getöteten beizulegen.²)

Viertes Kapitel.

Über die Verbreitung der Anthropophagie in Afrika herrschte noch bis vor kurzer Zeit völlige Unklarheit. Man war wohl bereit, ihr Vorkommen in früheren Zeiten zuzugestehen, meinte aber, diese Unsitte sei jetzt gänzlich verschwunden, und etwaige Nachrichten darüber beruhten auf Verleumdungen, welche ein Negerstamm gern über den anderen aussprenge (vgl. z. B. Waitz a. a. O. II (Leipzig 1860) S. 166). Die Berichte neuerer Reisenden jedoch haben diese Meinung widerlegt: *„der Kanibalismus hat noch immer in Afrika eine klassische Stätte".* So gut wie verschwunden ist er im muhamedanischen Afrika, auch der Sudan kennt kaum noch Menschenfresserei. Allerdings „im westlichen

---

¹) Vgl. Peterm. Mitteil. 1891. VI. S. 34: Referat von Supan über Robertson „Catham Islands" in „Proc. and Transact. Queensland Branch R. Geogr. Soc." Australasia 1890 Bd. V. S. 72—92.
²) Vgl. Waitz a. a. O. V. 2. (Leipzig 1870 S. 134.

Darfor fröhnen die Massalat, obwohl längst Muhamedaner, zum Teil noch immer dem Genuss von Menschenfleisch". Eine kurze Notiz über Kannibalismus an der Ostküste finden wir bereits bei Ptolemäus. Unter den Anthropophagen, welche die Agathodämonschen Karten etwa im Somali-Gebiete verzeichnen, können wir vielleicht Stämme vermuten, die von der Küste zurückgewichen und jetzt am weissen Nil und Uelle ansässig sind, wie die Niam-Niam, Mangbattu (oder Monbuttu) u. a m. Auf die Spuren von Kannibalismus, welche im Mittelalter in Afrika entdeckt wurden, bin ich schon oben zu sprechen gekommen. Die Nachrichten über die Unsitte mehren sich in den folgenden Jahrhunderten. Ph. Pigafetta[1]) erzählt gelegentlich der Beschreibung des Königreiches Kongo, dass jenseits dieses Landes ein Volk, die Anziquen, wohne, die einander aufessen und weder Freunde noch Verwandte schonen. Die Anziquen sind vielleicht identisch mit den Fan-Negern, von denen wir später noch zu sprechen haben werden Auch von den Kaffern wird Menschenfresserei berichtet.[2]) A. Battell[3]) berichtet im 17. Jahrhundert von den Jaggas (Jagas oder auch Dschaggas), jenseits Angola, dass sie Menschenfleisch essen, *„weil nur dieses den grössten Mut und die grösste Stärke gebe“*, und dass sie dasselbe in Fleischerläden feilhalten.

Es ist ganz sicher gestellt, dass Menschenfresserei bei den Negern Afrikas auch heute noch — und durchaus nicht in geringem Grade und Umfange — sich findet. Damit soll nicht behauptet werden, dass alle Negerstämme, die noch nicht den Islam angenommen, Anthropophagen seien, sondern nur soviel, dass ein Teil derselben Kannibalen sind (vgl. auch Ratzel, Völkerkunde I. Leipzig 1886. S. 145). Am meisten und weitesten verbreitet ist die Anthropophagie in Central-Afrika. Im Ausland (1883. No. 32 S. 631) heisst es: *„Die Anthropophagie findet unter den Negerstämmen im centralen Afrika eine weite Verbreitung. Die nördlichen und östlichen Völker perhorreszieren den Genuss von Menschenfleisch; diese Unsitte beginnt erst mit den Niam-Niam, denen sich*

---

[1]) Vera descriptio regni Africani, quod tam ab incolis tam Lusitanis Congus appellatur. Per Philippum Pigafettam olim ex Edoardi Lopez acroamatis lingua Italica excerpta; nunc Latio sermone donata ab August. Cassiod. Reinio. Frankf. 1598. Cap. V. S. 11 und 12 und Bildertafel 12.
[2]) Vgl. Icones vivae, verae et genuinae nationum etc. etc.: „Alii ex Caffris carnibus humanis vescuntur, alii, qui Lusitanis familiariter utuntur, bello captos pro mancipiis vendunt".
[3]) Vgl. Purchase Pilgrimage. London 1625.

weiter südlich alle Stämme am Uelle anschliessen". Damit ist die Richtung angegeben, die wir bei unserer Betrachtung innehalten wollen: Die Richtung von Ost nach West. Doch vorher wollen wir noch einen Blick auf das aussertropische Süd-Afrika werfen. Hier stossen wir auf Anthropophagie vor allem im Basuto-Lande, zwischen dem Oranje-Freistaat und den englischen Besitzungen (vgl. Ausland 1869. No. 41); jedoch hat dieselbe jetzt vollständig aufgehört. Auch bei den übrigen südafrikanischen Stämmen wird Kannibalismus nicht — wenigstens nicht mehr — geübt. Mancherlei Bräuche aber streifen hart an Kannibalismus: „So pflegt man in die Farbe, mit welcher sich die Krieger kaum sichtbare Streifen ins Gesicht malen, Körperteile erlegter Feinde einzukochen".[1]) Bei den Amaponda-Kaffern besteht die Sitte, dass beim Antritt eines neuen Häuptlings einer seiner Verwandten umgebracht wird, in dessen Blut sich der Häuptling baden, und aus dessen Schädel er trinken muss. — Früher scheint bei einigen Stämmen der Betschuanen, zu denen ja die Basutos auch gehören, Menschenfresserei eingerissen zu sein, ebenso bei einzelnen Kaffern-Stämmen und zwar infolge des Unglücks der Matabele- (oder Matebele-) Kriege (vgl Ratzel, Völkerkunde I. S. 171): Zwei Betschuanen-, die Bakufenz und Makalla, und zwei Kaffern-Stämme, die Bamakakana und Bamatlapatla, werden als Anthropophagen bezeichnet. Die Menschenfresserei der Matabele, eines Kaffern-Stammes, ist vielfach behauptet worden: für die Gegenwart jedenfalls ohne Grund. Früher mag sie wohl auch hier geherrscht haben, wenigstens deuten Höhlen mit anthropophagen Resten darauf hin (vgl. Ratzel, Völkerkunde I. S. 412). — Vielfache Berichte von Menschenfresserei unter den verschiedenen Kaffern-Stämmen legen überhaupt die Vermutung nahe, dass früher Anthropophagie unter ihnen geherrscht hat; der Glaube an die magische Wirksamkeit des Menschenfleisches ist heute noch nicht verschwunden.

Die Niam-Niam sind also, wie schon erwähnt, die östlichsten Kannibalen Afrikas. Dieselben sind Menschenfresser „aus Hass und wilder Blutgier" (nach Ratzel, Völkerkunde I. S. 536), aber auch aus Leckerei. Meist essen sie die im Kampfe Erschlagenen aber auch Leichen, sogar schon halb verweste, die sie zu diesem Zwecke wieder ausgraben. Die Krieger, welche die Nubier auf

---

[1]) Vgl. Peterm. Mitt. 1891. VI. S. 83 und 84: Referat von Kirchhoff über J. Macdonald „Manners, customs, superstitions and religions of south african tribes" Journ. Anthropol. Inst. 1890. Bd. XIX. S. 264—296.

einem Sklaven-Raubzuge einst begleitet hatten, wurden mit alten Weibern zum Verzehren beschenkt. Sklavinnen werden die Säuglinge weggenommen, um sie zu essen, „weil die Sklavinnen mit Säuglingen nicht zur Arbeit taugen".[1]) Von dem Mangbattu-Stamme der Mambangá im südlichen Niam-Niam-Lande, erzählt Junker[2]), dass keine Leiche bei ihnen zur Bestattung kommt, sondern alle werden gefressen. Doch isst man nicht seine Verwandten, sondern verkauft dieselben an andere. Auch wird bei einem natürlichen Todesfalle stets das Orakel nach „*dem Verursacher des Todes*" gefragt, und dieser wird dann getötet und auch gegessen. Ueberhaupt sind die Mangbattu arge Kannibalen. Die im Kampfe Gefallenen und Leichen eigener Stammes-Angehöriger werden verzehrt; die im Kriege erbeuteten Kinder gelten als besondere Leckerbissen: sie erhält der König. Die lebendig Gefangenen werden geschlachtet; der Körper wird durch Brühen von den Haaren befreit, das Fleisch wird gedörrt und geröstet. Auch Menschenfett dient als Speise; bei den Niam-Niam findet sich auch Menschenfett-Gewinnung, aber dasselbe wird hier als Brennmaterial benutzt.[3]) Als Zukost zum Menschenfleisch isst man eine Mehlspeise, das sogenannte Lugma-Gericht.[4])

Am Mobangi oder Obangi, wie der Unterlauf des Uelle heisst, wohnen ebenfalls eine ganze Menge von Anthropophagen-Stämmen, wie aus der Arbeit von Angouard hervorgeht: „*L'anthropophagie dans le bassin de l'Oubanghi*".[5]) Es heisst hier S. 85: „*Les tribus de l'Oubanghi préfèrent la chair humaine à toutes les autres. Cette viande, dit un cannibale, a un goût tout particulier*". Es ist also Leckerei, was hier den Genuss von Menschenfleisch bedingt, allerdings (nach S. 95) auch hin und wieder Rache und Eifersucht. Fette Kriegsgefangene werden sofort geschlachtet und gegessen, magere werden einige Monate gefüttert, bis sie fett werden (S. 91—93). Um das Fleisch der armen Opfer noch schmackhafter

[1]) Petermanns Mitteilungen 1871. S. 139.
[2]). Petermanns Mitteilungen 1881 S. 251.
[3]) Wissmann „Im Innern Afrikas". Leipzig 1888. S. 243.
[4]) Vgl. Schweinfurth „Im Herzen von Afrika". 1874. I. S. 471. II. S. 98—100. Ratzel, Völkerkunde I. S. 546. Vgl. auch über die Menschenfresserei der Niam-Niam und der Mangbattu die übersichtlichen Zusammenstellungen diesbezüglicher Berichte versch. Reisender in Seiler-Zöllner, Der schwarze Erdteil etc. Bielefeld und Leipzig 1891. S. 94. 95. 98. 99. 106.
[5]) Vgl „Annales apostoliques de la congrégation du St. Esprit et du St. Coeur de Marie" 1890 No. 19, S. 85—102.

zu machen, legt man dieselben, noch lebend, ganze Tage lang in fliessendes Wasser so, dass nur der Kopf herausragt, dasselbe geschieht dann auch nochmals mit dem Leichnam.

Als Greshoff, der Direktor der holländischen Niederlassungen am oberen Congo, eine Reise auf dem Mobangi machte, um Elfenbein einzukaufen, baten ihn die Eingeborenen nicht um Stoffe, sondern um Sklaven von 4—16 Jahren in der Absicht, dieselben zu verzehren (S. 87), und ganz ähnliche Erfahrungen machte er gelegentlich seiner Reise auf dem Maringa, einem Nebenflüsschen des Mobangi. Auf S. 86 lesen wir: „*Mongaga, chef de Mongouélé, a acheté à Bolombo un indigène de l'Irébou. Il lui a cassé hier matin les bras et les jambes à coups de massafin de le manger aujourd hui*". Interessant sind auch die Erlebnisse des Herrn A. Dolisie bei seiner Reise auf dem Mobangi im August 1887 (vgl. S. 87 ff.)

Die Art und Weise, wie die zum Verzehren bestimmten Opfer getötet werden, ist meistens die Enthauptung, und zwar sollen darin und in der Zerstückelung der Leichname die Weiber eine ganz besondere Geschicklichkeit besitzen (S. 91: „*Ce qu'il y a de plus horrible, c'est que les femmes sont peut-être encore plus adroites que les hommes pour décapiter une victime ou dépecer un cadavre*"). Ganz ausführlich wird eine derartige Hinrichtung auf S. 94—95 geschildert, wo es u. a. heisst: „*L'exécuteur lève son bras une première fois et abaisse son couteau vers la raie blanche. Tout le monde se tait. Le couteau se relève et tombe brusquement sur la marque, tranchant d'un seul coup la tête qui s'envole au bout de la poche en traçant une courbe sanglante! L'exécuteur est un habile homme! Les chants de guerre retentissent. Pendant ce temps tous se précipitent, on recueille le sang; voici une jambe à droite, un bras à gauche etc. etc.*".

Einer ganzen Reihe von Kannibalen-Stämmen begegnen wir im Kongo-Gebiet. Die Manjuema (Manyema) sind sicherlich Menschenfresser; sie essen namentlich im Kriege erbeutete Feinde. Frauen und Fremde werden zu diesen Schmäusen nicht zugelassen. Das Motiv der Anthropophagie ist hier hauptsächlich „Rache".[1] Bestätigt wird die Anthropophagie der Manjuema-Stämme durch Cameron.[2] „Sie verzehren nicht nur die in der Schlacht getöteten

---

[1] Petermanns Mitteilungen. 1873. S. 32.
[2] „Quer durch Afrika". Deutsche Ausgabe. Leipzig 1877. S. 300 und besonders S. 307/308. Vgl. auch Seiler-Züllner a. a. O. S. 278.

Feinde, sondern auch die Leute, die an einer Krankheit gestorben sind". Und: „Die zum Verspeisen bestimmten Leichname werden in den Fluss gelegt, so lange darin gelassen, bis sie fast zu faulen beginnen, und dann ohne alle weitere Zubereitung verschlungen". Mannsfleisch wird im Allgemeinen dem Weiberfleisch vorgezogen und letzteres nur dann gegessen, wenn man kein Mannsfleisch bekommt. Ferner bestätigt Stanley diese Angaben in seinem Werke „Durch den dunklen Weltteil"[1]) (II. S. 157 u. S. 159 Anmkg.).

Von den Wasangara-Meno und den Waregga, westlich von Nyangwe, wurde Stanley auch erzählt, dass sie Kannibalen seien;[2]) ob mit Recht, lässt sich nicht feststellen. Ferner sagt er,[3]) dass die Bangala, Wijunsi, Batomba, Basoko, Bakuru, Bakuma und Balesse, im central-afrikanischen Urwald zu beiden Seiten des Oberlaufes des Kongo, das Fleisch ihrer Feinde verzehren sollen. — Überhaupt finden wir im Westen des Tanganjika den Kannibalismus noch in höchster Blüte stehend, z. B. sicher bei den Wasansi oder Basansi, vielleicht auch bei den Watemba oder Wuvembe.[4]) In Bambarre soll das Essen der Leichname Sitte sein; bei den Mtamba am Lualaba führt Streit der Gatten oft den Mord des Weibes herbei, dessen Herz dann der Ehemann isst.[5]) Am mittleren Kongo sind auch Spuren von Menschenfresserei von Stanley entdeckt worden. Auf der Fahrt von Nyangwe, Kongo abwärts, stiess er vielfach auf deutliche Anzeichen der Anthropophagie: oft erscholl von den Ufern her der Ruf: *„Fleisch! Fleisch! Ah! Ah! Wir werden Fleisch in Menge haben!"* wenn die Boote erschienen, so z. B. seitens der Dorfbewohner von Luavala.[6]) Die Amu-Nyam werden auch als Kannibalen bezeichnet. Bei den freundlichen Bakore, wenige Stunden unterhalb der Amu-Nyam, wurde Stanley vor den Bakumu als scheusslichen Kannibalen gewarnt.[7]) Auf der Insel Asama wohnten ebenfalls Kannibalen: *„Menschenschädel verzierten die Dorfstrassen auf der Insel"*, und

---
[1]) Aus dem Englischen von Böttcher. Leipzig 1878.
[2]) Stanley „Durch den dunklen Weltteil". II. S. 117.
[3]) „Im dunkelsten Afrika". Aus dem Englischen von Woebeser. Leipzig 1890. II. S. 90.
[4]) Vgl. Stanley „Wie ich Livingstone fand". Deutsche Ausgabe. Leipzig 1879. II. S. 178/179.
[5]) Ratzel, Völkerkunde. I. S. 555,
[6]) „Im dunklen Weltteil". II. S. 221, ferner S. 232 und 293.
[7]) Im dunklen Weltteil. II. S. 241.

eine grosse Menge Schenkelknochen, Rippen und Rückenwirbel lagen in einem Winkel von Unrat „*als gebleichte Zeugen ihres grässlichen Appetites nach Menschenfleisch*".[1] Auch am Aruwimi, einem rechten Nebenflusse des Kongo, fand Stanley Kannibalen, z. B. am linken Ufer gegenüber der Mündung des Ngula bei Mugwje;[2] ebenso bezeichnet er die Bakusu- und Basangora-Stämme als Menschenfresser.[3] Die Babuli unterhalb Jakonda am Aruwimi behaupteten, dass sie selbst nicht Menschenfresser seien, wohl aber die Babanda-, Babukwa- und die Babali-Stämme oberhalb Jankonda am Aruwimi.[4] Ferner berichtet Stanley von Kannibalen, die den Schwarzen seines Zuges nachstellten, in der Nähe der Tanga-Fälle am Aruwimi,[5] u. a. a. O. S. 23 lesen wir, dass die Nachhut erzählt, es seien von den Kannibalen am Aruwimi neun Neger, die sich vom Zuge getrennt, um zu jagen, getötet und aufgefressen worden. In der Stadt Aruwimi, an der Mündung des gleichnamigen Flusses in den Kongo, fanden sich augenscheinliche Beweise für Menschenfresserei[6]: „*Knochen von Menschen lagen auf den Unratshaufen der Stadt; neben einem Feuer lagen die dünnen Vorderarme eines Menschen und versengte Rippen*".

— Am unteren Kongo berichtet Stanley nichts von Kannibalen-Stämmen; wenn er aber[7] erzählt, dass die Eingeborenen am Stanley-Pool und in der Nähe von Leopoldville sich vor ihm und den Seinigen geflüchtet hätten, weil sie geglaubt, „*sie verspürten Appetit nach schwarzen Babies*", so folgt daraus jedenfalls Bekanntschaft mit der Unsitte der Menschenfresserei; sei es nun, dass benachbarte Stämme sie ausüben oder die betreffenden Stämme selbst vielleicht, indem sie anderen Stämmen die Kinder rauben, um sie zu fressen. Von den Negern bei der Acquator-Station, den Bakuti und Beijansi, erzählt Stanley,[8] dass bei ihnen beim Tode der Häuptlinge noch scheussliche Menschen-(Sklaven-)Opfer üblich sind, nichts aber von Anthropophagie.

---

[1] Im dunklen Weltteil. II. S. 263.
[2] Im dunkelsten Afrika. I. S. 452.
[3] Im dunkelsten Afrika. I. S. 476.
[4] Im dunkelsten Afrika. I. S. 139.
[5] Im dunkelsten Afrika. II. S. 26.
[6] Durch den dunklen Weltteil. II. S. 302.
[7] „Der Kongo". Aus dem Englischen von Woebeser. Leipzig 1885. S. 346 und 400.
[8] „Der Kongo". II. S. 182—184.

Am Kassai, einem linken Nebenflusse des Kongo, und seinen Nebenflüssen hat Wissmann eine Reihe von Anthropophagen-Stämmen entdeckt. Er macht als Menschenfresser namhaft die Bassonge am Lubilasch, einem rechten Nebenfluss des Kassai.[1]) Auf S. 139 seines Werkes „Unter deutscher Flagge" etc. heisst es: *„Die Bassonge sind wild, räuberisch und Kannibalen. Alle Männer nach der Beschneidung und diejenigen Weiber, welche unfruchtbar sind, dürfen Menschenfleisch essen, die andern nicht, da es unfruchtbar machen soll".* Von den zum Stamme der Bassonge gehörenden Bassange wird ebenfalls Menschenfresserei berichtet, und zwar wird dieselbe bei ihnen *„nicht aus Hunger, sondern in Ausübung gewisser Ceremonien"* geübt.[2]) *„Die Körper der im Kriege Erschlagenen werden eine Nacht in Wasser gelegt, und am nächsten Tage werden die Unterschenkel und Hände abgeschnitten und auf Ameisenhaufen gelegt. Nach einigen Stunden wird wieder nachgesehen, und wenn die Ameisen von dem Fleische essen, so ist es gut. Die betreffenden Körper werden alsdann zerlegt und mit dem Fleische der im Kriege erbeuteten Ziegen zusammengekocht und dann vor das Haus des Soba gebracht, welcher davon geniesst und das Fleisch an die Krieger verteilt, worauf dann Tänze und Gesänge stattfinden. Die Frauen aber kochen weder das Fleisch, noch essen sie davon".* Auch Sklaven werden hin und wieder aufgegessen, aber nicht schon bestattete Leichen. — Von den Bassongo berichtet Wissmann:[3]) *„Die Bassongo sollen eingefleischte Kannibalen sein";* gemeint sind jedenfalls die Bassongo-Mino, nördlich vom Sankurru; auch in seinem Werke „Im Innern Afrikas" (S. 246, 365 und 333) finden wir die Angabe, dass diese Neger Kannibalen seien. Hier (S 365) wird auch als ihr Kriegsgeschrei der Ruf: *,Niama! Niama!"* d. i. *„Fleisch! Fleisch!"* überliefert. Von den Kalebue und ihren westlichen Stammesgenossen, am Lomami, einem Nebenfluss des Sankurru, wird gesagt,[4]) dass sie sehr berüchtigte Kannibalen sind, auch an Krankheiten verstorbene Leute werden aufgefressen. *„Um nicht gerade seine nächsten Verwandten zu verzehren, giebt man dieselben nach ihrem Tode den benachbarten Dörfern, in der*

---

[1]) Unter deutscher Flagge etc. Berlin 1889. S. 120/121. — „Zweite Durchquerung". Frankfurt a./O. 1890. S. 240. Vgl. auch Seiler-Zöllner a. a. O. S. 337.
[2]) Unter deutscher Flagge etc. S. 383/384.
[3]) Meine zweite Durchquerung. S. 36.
[4]) Unter deutscher Flagge etc. S. 150.

Erwartung, dass bei dem nächsten Todesfall, von dort, die Schuld zurückgezahlt wird". Die äussersten Glieder der Finger und Zehen, *„wohin nach dem Tode die Krankheit dringe"*, werden abgeschnitten, eingesalzen, in Blätter gewickelt und ins Wasser geworfen, *„alles Uebrige könne man unbesorgt verzehren"*. — Dass die Nyongo am Lomami Kannibalen sind, ist ersichtlich aus den Bemerkungen auf S. 316 des Werkes „Unter deutscher Flagge" etc.: Auch die Baschilange in Lubuku, am Lulua, einem rechten Nebenfluss des Kassai, waren früher Anthropophagen,¹) Dasselbe gilt von den Baluba, nördlich von den Baschilange;²) hier wie dort ist die Einführung des Riamba-Kult die Ursache des Aufhörens des Kannibalismus gewesen: man war sogar soweit gegangen, zu verbieten, das Blut der Tiere zu vergiessen (dies Verbot ist jedoch dann durch Pogges und Wissmanns Intervention wieder aufgehoben worden). Von den Bakuba, nördlich der Baluba, wird berichtet, dass sie männliche Sklaven kaufen, lediglich, um sie bei Begräbnisfeierlichkeiten zu opfern, jedoch nichts von Menschenfresserei.³) Dagegen stehen die Tupende,⁴) besonders die Tukette, am linken Ufer des mittleren Kassai bis zum Luschiko, einem linken Nebenflusse des Kassai, hin, in dem Rufe, Kannibalen zu sein: sie sollen alle Leichen der von Muala Kumbana Hingerichteten aus dem Luschiko auffischen und essen, auch Fremdlinge töten und fressen. Jedoch ist diese Nachricht nicht sicher verbürgt. Was S. 95 des soeben zitierten Werkes gesagt wird, dass Muala Kumbana, ein Häuptling der Kalunda, ein Armband von Menschensehnen trage, als Zeichen seiner Herrscherwürde, lässt vielleicht auf anthropophage Bräuche schliessen, ebenso das, was S. 134 des Werkes „Meine zweite Durchquerung" von den Batuas, im Urwald am rechten Ufer des Sankurru, berichtet wird: nämlich, dass im zweiten Gliede abgehauene, vertrocknete Finger, an Holznadeln befestigt, im dicken Haarwulst getragen werden.

Endlich haben wir noch einen Blick auf West-Afrika zu werfen. Nach C. Hamilton essen die Kissama, südlich vom Koanza, in Angola, die zum Tode verurteilten Verbrecher. Unter den Biheños in Benguela herrschen nach S. Pinto auch anthropophage Gebräuche. Der Häuptling von Bihé veranstaltet hin

---

[1] Meine zweite Durchquerung. S. 159 u. Unter deutsch. Flagge etc. S. 94.
[2] Im Innern Afrikas. S. 152.
[3] Zweite Durchquerung. S. 115.
[4] Im Innern Afrikas. S. 98.

und wieder Feste, genannt Kissunge, bei denen fünf Menschen verzehrt werden: man isst nur die Körper ohne die Köpfe und zwar mit Ochsenfleisch vermengt, gebraten oder in Capata gekocht.[1]) Kannibalen in optima forma sind die M'pangwe oder Faons (Fan) am Ogowe. Sie verzehren die Toten, aber nicht ihres eigenen Stammes, sondern solche von einem andern angekaufte; die Weissen verschmähen sie.[2]) Du Chaillu erzählt von den Fau einmal: „*Es begegnete uns eine Frau, die ein Stück eines menschlichen Schenkels trug, genau so, wie wir zu Markte gehen und von dort einen Braten oder ein Beefsteak mitbringen würden*"; und ein anderes Mal[3]) berichtet er: „*Für einen ganzen Leichnam gaben sie* (die Fan) *einen Elefantenzahn. Menschenfleisch wird auch von Weibern herumgetragen und in mehr oder weniger grossen Stücken verkauft*". — Dass bei den Jaggas (Jagas) früher Menschenfresserei geübt wurde, ist schon oben erwähnt worden; dasselbe berichten die portugiesischen Quellen auch von den Bewohnern des Reiches Makoko, nordöstlich vom Kongo-Reiche. Bei den Kamerun-Stämmen muss der neue Häuptling einen oder mehrere Männer umbringen, offen oder meuchlings, und die einzelnen Körperteile, selbst die Eingeweide, unter seine Verwandten und die benachbarten Häuptlinge verteilen;[4]) dies lässt auch hier auf frühere Anthropophagie schliessen. Am Busen von Benin und an der Sierra Leone sind auch Kannibalen konstatiert.[5]) In Gross-Banam mischte man früher bei Gründung eines neuen Dorfes Herz und Leber eines Geopferten mit dem Fleisch einer Henne, einer Ziege und eines Fisches in einer Bratpfanne und jedes Mitglied der Gemeinde musste von diesem Gerichte essen, „*um nicht binnen Jahresfrisst zu sterben*".[6]) Bei den Opfern in Dahomeh wurde und wird noch, „*teilweise zu Fetisch-Zwecken*", von dem Fleische der Geopferten gegessen. Das „*Aufessen des Herzens eines Feindes*" wird aus Dahomeh und Waidah mehr als einmal berichtet, und bei öffentlichen Festlichkeiten in Dahomeh soll das Zerreissen und Aufessen „*eines vom Könige zum Besten gegebenen Menschen*" einen Hauptzug gebildet haben.[7]) — Charakteristisch ist auch der Um-

---

[1] Ratzel, Völkerkunde I. S. 613.
[2] Peterm. Mitt. 1875. S. 128 „Lenz' Reise auf dem Ogowe in West-Afrika".
[3] A journey to Ashango-Land. London 1867. S.
[4] Ratzel, Völkerkunde. I. S. 613.
[5] Petermanns Mitteilungen. 1873. S. 32.
[6] Ratzel Völkerkunde I. S. 613.
[7] Ratzel Völkerkunde. I. S. 614.

stand, dass König Bedazin von Dahomeh, der Nachfolger König Gelelés, sich den Beinamen „*Hosu Boncele*" d. h. „*Menschenfresser*" beilegt.[1])

Ueber das Vorkommen von Anthropophagie im Senegal-Gebiete berichtet der Fränkische Kurier No. 434 Folgendes[2]): „*Vor den Geschworenen des Senegal sind z. Z. vier Neger des Schekiamistammes angeklagt, zwei Sklavinnen vom Roëtberge getötet, zerhackt, am Feuer gebraten und gefressen zu haben. Die Leber der Unglücklichen wurde sorgfältig bei Seite gelegt, wahrscheinlich als Leckerbissen für den Fetischdiener. Die Polizei, die benachrichtigt worden war, nahm während der Nacht zwanzig Einwohner des Dorfes fest und steckte sie ein. Die vier Angeklagten sind der Fetischdiener und die drei Mörder*".

Das Ergebnis des in diesem Abschnitte Mitgeteilten ist also Folgendes: Die Menschenfresserei ist in der Gegenwart allerdings noch fast über die ganze Erde verbreitet. Nur Europa und etwa das Festland von Asien sind von diesem Laster freizusprechen; aber in Amerika und Australien, auf den Inseln der Südsee und vor allem in Afrika herrscht dasselbe noch, schon bedeutend abgeschwächt in Amerika und bei den Südsee-Insulanern, in ganz ungeschwächter Weise bei den Negern Central-Afrikas und den Bewohnern Australiens, sofern diese sich der Beeinflussung seitens der Weissen entziehen. Aber es ist doch andererseits nicht zu verkennen und nicht zu übersehen, dass die scheussliche Unsitte der Anthropophagie beständig, wenn auch langsam an Terrain verliert, worauf hier, gemäss der im Vorworte ausgesprochenen Tendenz, welche die vorliegende Arbeit verfolgt, noch besonders aufmerksam gemacht sei.

---

[1]) Globus 1890. No. 24: P. Asmussen „Dahomeh u. seine Menschenopfer".
[2]) Nürnberg 1891. 26. August, Mittwoch-Morgenblatt.

Vierter Abschnitt.

Ueberblicken wir jetzt die lange Reihe der Völker, bei denen wir Anthropophagie oder Spuren derselben, sei es in alter oder neuerer Zeit, gefunden haben, so treten uns die verschiedensten Ursachen dieser grässlichen Sitte entgegen. Ist Hunger das Motiv, so erhellt dabei am deutlichsten der Zusammenhang zwischen Kannibalismus und Landesnatur. Mangel an vegetabilischer Nahrung zunächst wird, meistens wenigstens, bedingt durch Klima und Bodenbeschaffenheit eines Landes. Der Mangel an animalischer Nahrung dagegen hängt nicht bloss von diesen beiden Faktoren ab, sondern ist oft genug herbeigeführt durch den Menschen. Mangel an beiderlei Nahrung, so sahen wir, ist als Ursache der Menschenfresserei anzunehmen bei den Feuerländern, bei manchen Südsee-Insulanern und wohl auch der Hauptsache nach bei den Australiern. Wenn wir die Beobachtung machten, dass, z. B. auf vielen Inseln der Südsee und auch in Brasilien, Anthropophagie herrscht oder herrschte aus Mangel an Fleischnahrung neben reichlicher und reichlichster Pflanzenkost, so scheint dies darauf hinzuweisen, dass in diesen Gegenden die Tierwelt früher eine reichere war, und dass durch die Jagdlust der Bewohner der Tierbestand decimiert worden ist (das Verschwinden der Moas von Neu-Seeland bietet ein Analogon). Dies ist allerdings hinsichtlich der Inseln der Südsee cum grano salis zu verstehen und gilt natürlich nur von denen, die zu irgend einer Zeit mit einer grösseren Landmasse zusammengehangen haben. Dabei bleibt es allerdings eine offene Frage, warum Menschen, denen die Heimat Pflanzennahrung die Fülle bietet, und die unter einem tropischen Himmel wohnen, überhaupt zu Tierkost greifen; da, wie schon erwähnt, das menschliche Gebiss ursprünglich gar nicht für Fleischnahrung eingerichtet ist und thatsächlich viele Millionen von Menschen sich in südlichen Ländern, z. B. in Indien, mit Pflanzenkost begnügen. Wenn uns, in gemässigten und nördlichen Klimaten, Instinkt und Organisation auf gemischte, ja überwiegende Fleischnahrung hinweisen, so beruht dies auf zweckmässiger, weil notwendiger Anpassung — und zwar klimatischer. Vielleicht lässt sich jenes Rätsel so lösen, dass man annimmt, eine durch Misswachs herbeigeführte Hungersnot habe vor Zeiten zu animalischer Nahrung geführt und diese schliesslich so behagt, dass man neben vegetabilischer dabei geblieben sei. Diese Annahme wird von der Thatsache unterstützt, dass von geregelter Bodenkultur seitens des primitiven Menschen keine Rede ist. Noch anders und verwickelter liegt die Sache da, wo neben reichlicher vegetabilischer und animalischer Nahrung Anthropophagie verbreitet ist, wie z. B. auf Neu-Seeland und bei vielen Neger-Stämmen Afrikas. Hier müssen andere Motive aufgesucht werden. Solche haben wir bereits entdeckt in den Gefühlen der Rache und der (Kriegs-)Wut, in religiösen und Wahnvorstellungen mannigfacher Art und in gastronomischer Lüsternheit. — Was Menschenfresserei betrieben aus Feinschmeckerei anlangt, so ist dieselbe hervorgegangen aus der Sitte, Menschenfleisch aus religiösem oder sonstigem Aberglauben oder aus Rache zu essen, oder sie ist entstanden aus Menschenfresserei gelegentlich einer Hungersnot. Schon Juvenal und Galenus berichten, dass Menschenfleisch *„einen dem Schweinefleisch ähnlichen Geschmack"* habe,[1]) und der erstere sagt (Sat. XV, 11 und 85), *„wer einmal Menschenfleisch gekostet habe, esse nichts lieber als dies"*. Oldendorp erzählt, dass ein Negersklave auf St. Thomas einen Verbrecher vom Galgen schnitt, *„um wieder einmal Menschenfleisch zu essen"*. Und *„die auf Haiti heimisch gewordenen Neger treiben — jedenfalls rückfällig — einen ganz schnöden Kannibalismus fort und fort"*. Von den Irokesen besitzen wir folgende Sage: *„Manitu fragt den Jäger, warum er das Fleisch seines Gleichen esse, und dieser antwortet, weil es besser sei als das des Elenn und Büffels, und weil es thöricht sein würde, den Leichnam seines Feindes den Wölfen und Füchsen zu überlassen"*. In der Bonner Zeitung vom 17. September 1865 ist der Bericht einiger französischer Soldaten mitgeteilt, die sich kurze Zeit in Gefangenschaft der Eingeborenen auf den Sandwich-Inseln[2]) be-

---
[1]) Nach Aussage mancher Neger soll Menschenfleisch wie Hundefleisch schmecken (Vgl. Wissmann „Unter deutscher Flagge" etc. S. 207).
[2]) Gemeint sind die Neuen-Hebriden, die bisweilen auch Sandwich-Inseln genannt werden, und auf denen auch Polynesier sich niedergelassen haben.

fanden und dort der Zubereitung und Auftischung eines ihrer Kameraden beiwohnten. Hier wurde die raffinierteste Kochkunst aufgeboten, um ein leckeres Mahl zu bereiten. Man lese nur Folgendes: *„Zuerst hackte man den Kopf ab und hing den Körper eine Stunde lang an einen Baum auf, um das Blut ablaufen zu lassen. Während dessen wurde ein über vier Fuss tiefes und drei Fuss breites Loch in die Erde gegraben und mit Steinen ausgelegt. In der Höhlung wurde ein Feuer angezündet, und nachdem es halb niedergebrannt war, mit einer Steinlage bedeckt. Den Menschen weideten die Kannibalen aus und schnitten den Körper in fusslange Stücke; Füsse und Hände wurden als ungeniessbar bei Seite geworfen. Sodann wurden diese Stücke auf Blätter des tropischen Rosenbaumes gelegt und mit Zuthaten versehen, als Kakaonüssen, Bananen und anderen Gewächsen von köstlichem Aroma. Darauf schnürte man das Ganze in einen Ballen zusammen und senkte diesen in die Grube, aus welcher man den Rest des Feuers entfernt hatte. Zwischen den heissen Steinen liess man dann das Mahl eine Stunde lang schmoren".* — Leckerei spielte ganz entschieden in Neu-Seeland bei der dortigen Menschenfresserei eine Rolle; ebenso wird bei vielen Neger-Stämmen Afrikas Menschenfleisch des Wohlgeschmackes wegen gegessen. Auch der Radschah von Sipirok versicherte dem Statthalter von Padang,[1]) *„dass er nie etwas Köstlicheres gegessen habe als Menschenfleisch".* Von den Batta berichtet Bickmore (a. a. O S. 338), dass sie die flachen Hände und nach ihnen die Augen von Menschen für die grössten Leckerbissen halten Ferner berichtet dieser Gewährsmann von dem genannten Volke, dass man ein aus einem zum Fressen bestimmten Menschen herausgeschnittenes Stück Fleisch mit grösstem Wohlbehagen *„noch warm und dampfend"* esse, nachdem man es in Lambal getaucht: „das ist eine gewöhnliche Würze, die aus rotem oder Chili-Pfeffer und einigen Körnern groben Salzes besteht, die zwischen zwei glatten Steinen zerrieben wird". Und *„die Neu-Kaledonier betrachteten mit Lüsternheit die nackten Arme und Beine der Matrosen des Schiffes von Dumont d'Urville"* (franz. Seemann 1790 bis 1842).

Menschenfresserei aus Rachsucht und Kriegswut ist uns ja bei den verschiedensten Völkerschaften begegnet, namentlich bei den Indianern Nord-Amerikas: Der erschlagene Feind soll so voll-

---

[1]) Vgl. Bickmore a. a. O. S. 322 und 323.

ständig wie nur möglich vertilgt werden. Ein Kriegslied der Mohikaner beginnt mit den Worten: *„Lasst uns trinken das Blut und essen das Fleisch unserer Feinde!"* In Verbindung damit stehen natürlich auch abergläubische Vorstellungen: man hofft durch das Verzehren des Feindes dessen Tapferkeit, Mut, Stärke und sonstige gute Eigenschaften in sich aufzunehmen Von diesem Glauben waren die Maoris beseelt, und die Basutos assen während des 1868 beendigten Krieges mit den holländischen Boers im Oranje-Freistaat jeden Weissen, der in ihre Hände fiel, *„weil sie wähnten, dessen Mut werde in ihren Leib übergehen"*. Hierher gehört auch der schon oben erwähnte Bericht des Livius (XXIII, 5), und bei Herodot (IV, 64) lesen wir, dass jeder junge Krieger der Skythen von dem Blute des ersten getöteten Feindes trinken musste. Auch im Ratschlage Hagens[1]) klingt dunkel *„der altgermanische Glaube an die Zauberkraft des menschlichen Blutes"* nach![2]) Zu vergleichen ist auch der oben mitgeteilte Brauch der Torres-Insulaner, die Knaben furchtlos und unerschrocken zu machen.

Damit sind wir schon zur Besprechung der Fälle der Anthropophagie gelangt, die uns zeigen, dass dieselbe ausgeübt wurde und wird infolge irgend welcher Wahn-Vorstellungen. In China soll sich der Gebrauch des Menschenfleisches gegen gewisse Krankheiten bis heute erhalten haben. Im Altertum galt Menschenblut als Mittel gegen die Fallsucht; in Aegypten hielt man *„Bäder in Menschenblut"* für ein Mittel gegen Aussatz. Einem ähnlichen Aberglauben begegnen wir ja auch noch im „Armen Heinrich" des Hartmann von der Aue. In einem deutschen Volksbuche aus dem 16. Jahrhundert heisst es: *„Der Spiritus, der aus dem Gehirn eines Menschen gezogen wird, stärkt sehr das Gehirn. Oel von Menschenhänden dient wider die Gicht an Händen, Oel von den Füssen wider die Gicht an den Füssen"*.

Beispiele dafür, dass die Anthropophagie ohne Zweifel auch eine religiöse, gottesdienstliche Bedeutung hat, sind schon eine ganze Menge angeführt worden. Auch in den Mithra-Mysterien, welche Heliogabal noch im dritten christlichen Jahrhundert feierte, wurde ein Knabe geschlachtet und gegessen. Namentlich finden

---

[1]) Niebelungenlied, Ausg. von Simrock Stuttgart 1879. 36. Abenteuer S. 344, Str. 2051.
[2]) Vgl. auch Mephistos Anspruch: „Blut ist ein ganz besonderer Saft" (Goethe, Faust I, v. 1740, S. 83 der neuen Weimarer Ausgabe v. J. 1887).

wir Anthropophagie in Verbindung mit Menschenopfern. Duncan[1]) sah gelegentlich der Menschenopfer im Königreiche Dahomeh einen alten Neger, *„der von jedem Geköpften das Blut auffing und warm, wie es aus den Adern kam, trank".* In Bonny beisst der Priester, welcher die Kriegsgefangenen zu Ehren der Götter schlachtet, ein Stück vom Nacken derselben ab; *„die Glieder werden zerschnitten, gekocht und zum Essen verteilt".*

Fragen wir nun nach einer letzten Erklärung, einem letzten Grunde für das scheussliche Laster der Menschenfresserei, so stossen wir auf verschiedene Deutungs-Versuche. Schon Aristoteles forscht nach der Ursache dieser Unsitte und kommt zu dem Resultat, dieselbe sei tierische Wildheit ($\vartheta_{\eta}\rho\iota\acute{o}\tau\eta\varsigma$). *„Diese $\vartheta_{\eta}\rho\iota\acute{o}\tau\eta\varsigma$ ist ihm krankhaft, gleich dem Gelüst der Schwangeren nach Kohlen, Erde u. dgl."* Plinius findet den Grund der Menschenfresserei im religiösen Wahne. Dieser Ansicht ist auch Porphyrius, und die meisten neueren Forscher schliessen sich dem Urteil dieser beiden an, während wieder andere den Hunger als die Urquelle aller anthropophagen Gebräuche betrachten. Mir scheint, dass man zunächst ganz absehen müsse von Rachegefühlen, religiösen und abergläubischen Vorstellungen als Ursachen der Anthropophagie; denn dabei handelt es sich bereits um ziemlich komplizierte geistige Vorgänge, wie wir sie bei den prähistorischen Kannibalen auf dem Uebergange von der Tierheit zur Menschheit doch noch gar nicht annehmen dürfen. Vielmehr müssen wir, nach meiner Meinung, solche ganz elementare Gefühle, wie die des Hungers und der Wut, als Ausgangspunkte der Menschenfresserei ansehen. Zu welchen Scheusslichkeiten die Wut, sei sie nun hervorgerufen dadurch, dass der Hungernde im Nebenmenschen den Schmälerer der zu Gebote stehenden Nahrungsmittel erblickt, oder durch irgend etwas anderes, führt, zeigen folgende Beispiele: *„In Paris hat der aufgebrachte, von blinder Wut erfüllte Pöbel im Jahre 1617 Leber und Lunge des Marschalls d'Ancre, im Haage 1672 das Herz des de Witt gefressen, der bei einem Aufstande als Feind der Oranier ermordet wurde".* — Menschenfresserei aus Rache, Aberglauben und religiösen Wahnvorstellungen setzt bereits eine gewisse Reflexion voraus: wir können so motivierte Anthropophagie daher erst bei

---

[1]) J. Duncan, britt. Reisender gest. 1849. Beteiligte sich an der Niger-Expedition der Brüder Lander 1842. Ging 1845—46 im Auftrage der geogr. Gesellschaft zu London nach Waidah und durchreiste dabei Dahomeh. Beschreibung der Reise 1847 (deutsch von Lindau 1848).

höher stehenden Menschen erwarten und finden sie ja auch thatsächlich bei den meisten der uns bekannten, sogenannten „wilden" Völker, die aber alle schon auf einer unendlich viel höheren Stufe des geistigen Lebens stehen als der Urmensch. So erklärt es sich auch, dass wir bei sogar verhältnismässig kultivierten Völkerschaften, wie den Baita, den Erfindern einer eigenen Schrift, den Niam-Niam und Monbuttu, u. a. auf Kannibalismus stossen, während bei anderen, auf viel niedrigerer Stufe stehenden davon keine Spur vorhanden ist.

Ziemlich milde beurteilen Alexander von Humboldt und G. Forster die Anthropophagie, und H. Zöller sagt (a. a. O. S. 278/279): „*Kannibalistische Völker sind gewöhnlich kräftig, schneidig und reichbegabt. Sie sind ein hartes Holz, aus dem etwas gemacht werden kann;*" nach Diogenes Laërtius und Sextus Empirikus betrachteten die Stoiker sie als ein ἀδιάφορον.

Kehren wir zu unserer, am Beginn gegebenen Definition der Menschenfresserei als einer Kinderkrankheit des Menschengeschlechtes zurück, so ist damit der einzig mögliche Standpunkt ihr gegenüber gegeben: Krankheiten erklärt man, d. h. führt sie auf ihre Gründe zurück, und sucht sie alsdann zu heilen. Man entziehe dem Kannibalismus seine Fundamente, d. h. beseitige die Motive die man als die treibenden erkannt hat, und derselbe wird verschwinden Und wenn es auch wohl nie eine auf der ganzen Erde anerkannte, uniforme Ethik geben wird, ebensowenig wie eine universelle Aesthetik,[1] so können wir doch hoffen, angesichts des heute schon auf ziemlich enge – gegenüber den früheren — Grenzen beschränkten Kannibalismus, dass der Abscheu vor demselben dereinst ebenso allgemein sein wird, wie es etwa derjenige vor dem Morde jetzt schon ist.

---

[1] Vgl. hierzu Paulsen, System der Ethik etc. (Berlin 1889) I. S. 7. ff.

C. A. Voigt's Buchdruckerei (G. Wolf) in Bunzlau.